Développement du Bénin
L'éducation au cœur de l'"Emergence"

Études africaines
Collection dirigée par Denis Pryen et François Manga Akoa

Dernières parutions

Abdoulaye Keïta, Sécurité alimentaire et organisations agricoles et rurales au Mali, 2012.
Jean-Marc BIKOKO, *Le syndicalisme à la croisée des chemins*, 2012.
Jean-Baptiste MALENGE Kalunzu, *Philosophie africaine, philosophie de la communication*, 2012.
Mohamed BERRIANE, Hein de HAAS, *Les recherches sur les migrations africaines*, 2012.
Aimé MPEVO MPOLO, *Les quatre tournants manqués de l'Université congolaise. Analyse des réformes académiques du Congo-Zaïre (1971-2011)*, 2012.
Samuel NGUEMBOCK, *La politique européenne de sécurité et de défense en Afrique centrale*, 2012.
B. MUREME K., *Manuel d'histoire politique et sociale du Rwanda contemporain suivant le modèle Mgr Alexis Kagame, Tomes 1 et 2*, 2012.
François Claude DIKOUME, *Le service public du sport en Afrique noire, L'exemple du Cameroun*, 2012.
Robert AKINDE (sous la dir. de), *Les acquis économiques du Bénin de 1960 à 2010*, 2012.
Christian EBOUMBOU JEMBA, *Transports et développement urbain en Afrique*, 2012.
William BOLOUVI, *Un regard inquiet sur l'Afrique noire*, 2012.
Julien COMTET, *Mémoires de djembéfola. Essai sur le tambour djembé au Mali. Méthode d'apprentissage du djembé (avec partitions et CD)*, 2012.
Juan AVILA, *Développement et lutte contre la pauvreté, Le cas du Mozambique*, 2012.
Jean-Serge MASSAMBA-MAKOUMBOU, *Politiques de la mémoire et résolution des conflits*, 2012.
Apollinaire-Sam SIMANTOTO MAFUTA, *La face occulte du Dieu des Congolais*, 2012.

Marc-Laurent HAZOUMÊ

Développement du Bénin
L'éducation au cœur de l'"Emergence"

Préface de Félix IROKO

Du même auteur :

Politique linguistique et Développement, cas du Bénin, 135 p., Les Editions du Flamboyant, 1994.

Multilinguisme et Communication démocratique, 204 p., Editions des Presses du JORB

L'Afrique et le défi démocratique, essai sur l'éducation des adultes pour la démocratie et la culture de la paix, 72p, Institut de l'UNESCO pour l'Education (IUE), 1999.-

Désentraver l'alphabétisation, Plaidoyer pour une vision politique de sa promotion, 141 p., IUE, 2004.

© L'HARMATTAN, 2012
5-7, rue de l'École-Polytechnique ; 75005 Paris
http://www.librairieharmattan.com
diffusion.harmattan@wanadoo.fr
harmattan1@wanadoo.fr
ISBN : 978-2-296-99464-5
EAN : 9782296994645

A mes parents

A Nêtie et à tous ceux qu'elle
a façonnés pour la vie

SOMMAIRE

Préface   11

Avant-propos   15

CHAPITRE I
Les grandes orientations de l'éducation au Bénin : de la « Révolution populaire » à l'ère
Du « changement »   23
- Les fondements de la nouvelle réforme   28
- Les résultats acquis   32
- Le multilinguisme : problématique   62

CHAPITRE II
Problématique du choix linguistique   71
- Choix linguistique : signification   79
- Les populations et la question du choix   87
- Le rôle de l'Etat   89
- Le rôle des structures de recherche   95
- Choix linguistique et développement   105

CHAPITRE III
La mondialisation et les langues en Afrique   115

CHAPITRE IV
Les Professions de foi africaines   137
a) La Charte culturelle africaine   138

b) Le plan d'action linguistique pour
l'Afrique   140

c) Autres prises de position   142

CHAPITRE V
- La Mondialisation : mort ou revitalisation
des langues locales africaines   157

CHAPITRE VI
La vision du « Changement »
et ses conséquences sur la question
linguistique   175

CHAPITRE VII
Quelques ébauches de solutions   189

Notes bibliographiques   209

PREFACE

Membres, il y a déjà une trentaine d'années, de l'équipe pluridisciplinaire de la Commission Nationale de Linguistique (CNL) à laquelle a succédé le CENALA (Centre national de linguistique appliquée), Marc-Laurent Hazoumê, alors Directeur de ladite institution, et moi - même, avions partagé, en sillonnant tout le pays, la conviction définitive que les langues étaient réellement au cœur de nos différentes cultures, avec leurs capacités « à véhiculer la connaissance et à donner à la communication une valeur probante » comme le dit si bien l'auteur nous avions également compris, à travers la mise en commun de nos différents domaines de compétences, tout le profit scientifique que l'on pourrait tirer de l'interdisciplinarité. Et justement cet essai, sur fond d'interdisciplinarité, nous situe au carrefour d'une approche nourrie de considérations politiques, psychologiques, sociologiques et historiques contemporaines, l'histoire récente et des mentalités, l'histoire des attitudes collectives, le tout éclairant d'un jour nouveau, la dominante linguistique dont ne saurait se passer l'émergence économique d'un pays.

Il existe plusieurs angles de perception de cette émergence, plusieurs discours politiques sur ce concept, cheval de bataille de maints dirigeants africains, puisqu'il s'agit d'un thème porteur ; porteur consciemment pour les uns ; de mystification et de vœu pieux, puisqu'il fait politiquement recette, du moins en apparence ; porteur pour d'autres de perspectives radieuses constructives et salvatrices pour les pays africains. M. L. Hazoumê en homme de science exclusivement, a fait, en toute connaissance de cause, le bon choix, celui qui fait de l'émergence loin des slogans politiques opportunistes telle que perçue et appliquée par certaines grandes puissances, leur raison d'être, de promotion socioéconomique et d'élévation culturelle, surtout si l'éducation est au cœur de cette politique réellement et concrètement appliquée sans considérations politiciennes. Justement, l'auteur fait de l'éducation, concept galvaudé par les uns et les autres, une valeur, non seulement cardinale, mais une valeur terminale, plus particulièrement lorsque la donnée linguistique axée sur l'alphabétisation en est l'élément moteur.

L'ignorance ne saurait faire bon ménage de nos jours avec le système éducatif, facteur de progrès lorsqu'il est bien conduit. L'analphabétisme est obscurité, l'éducation est lumière. La dernière aura pour vocation de faire disparaître progressivement, ici comme ailleurs dans le monde, le premier. Ici plus qu'ailleurs à coup sûr, compte tenu de l'énorme retard accusé de façon dommageable pour le développement dans sa dimension culturelle, mais heureusement non irrémédiable. Et c'est le remède qu'à juste titre l'auteur préconise avec beaucoup de lucidité et de force de persuasion, mais aussi avec maestria. Il commence par explorer de façon diachronique et systématique les grandes orientations de l'éducation au Bénin, de la Révolution populaire à l'ère dite du « changement » et ce en témoin intéressé et en observateur averti, mettant en relief les grandes articulations, les continuités et les ruptures. Les trois parties qui suivent, tout en se préoccupant du Bénin, s'ouvrent sur le reste de l'Afrique noire, avec des points de comparaison pour mieux mettre en relief les problèmes béninois en la matière et montrer en même temps que d'autres pays voisins ou éloignés ont aussi les leurs. Il revient à nouveau, à plusieurs reprises, au seul Bénin avant de finir par proposer des solutions dont pourraient éventuellement s'inspirer d'autres pays africains.

L'ouvrage est une somme, une œuvre de maturité nourrie de la riche expérience de l'auteur acquise à travers les responsabilités tant au Bénin qu'à l'extérieur (UNESCO) qu'il a assumées dans ce domaine. Beaucoup de travaux ont été réalisés sur le plan linguistique bien qu'il y ait encore beaucoup à faire. Mais son angle de perception des problèmes du système éducatif béninois nous semble novateur : un regard synthétique et panoramique dans un style simple, sobre qui captive du début jusqu'à la fin. Loin d'être un écrit de plus ou de trop puisqu'il ne fait pas double emploi avec un autre comme en témoigne la bibliographie, nous tenons en main une véritable contribution rigoureusement et richement argumentée. Malheureusement, nos dirigeants ne lisent pas beaucoup ce genre de travail universitaire dans un pays où ils n'ont jamais perçu que le développement à tous points de vue, ne doit pas être déconnecté de la réflexion contenue dans les travaux savants.

Je crains que beaucoup de séminaires et de colloques organisés à grands frais ne continuent de se tenir sur les mêmes questions avec des solutions qualitativement nettement inférieures à celles contenues dans cet ouvrage. Nos hommes politiques devraient en faire un de leurs livres de chevet, s'ils en avaient d'ailleurs.

Félix IROKO
Professeur titulaire
Université d'Abomey - Calavi
Cotonou (Bénin)

AVANT-PROPOS

Cinquante ans viennent de s'écouler. Cinquante ans d'indépendance pour bon nombre de pays africains francophones. Mais, alors que fleurissaient, au cours de cette période, les partis uniques ou autres partis - Etat et que dans certains pays, tel le Bénin par exemple, des remises en cause politiques s'organisaient, le discours injonctif de la Baule prononcé par Le Président français François Mitterrand arriva comme pour aider une situation politique nouvelle à se mettre en place, celle de la démocratie. Elle vint effectivement sonner le glas de dictatures qui devenaient, en réalité, trop pesantes pour les populations africaines. Malgré cette nouvelle donne politique acceptée par les uns et boudée par d'autres, le processus démocratique souhaité a toujours du mal à entrer réellement dans les faits sur le continent. Il y a, en effet, de la part des décideurs politiques, comme un soliloque face aux populations qui devraient en être les véritables bénéficiaires. Malheureusement, elles en cernent à peine le contenu et les objectifs réels qui le sous-tendent. Ils sont donc là aujourd'hui, ces peuples, ces laissés-pour-compte, témoins silencieux de situations qui semblent les dépasser et qui, faute de comprendre tous les enjeux d'un développement prôné à cor et à cri, peinent à donner sens à leur vie et à participer pleinement à la construction de leurs nations respectives parce que subissant les conséquences néfastes de l'ignorance et de l'analphabétisme dans un monde dominé par la mondialisation. Pourtant, d'ici à 2015, l'on devrait, selon le cadre d'action tracé par le Forum mondial sur l'éducation tenu à Dakar du 26 au 28 avril 2000, « améliorer de 50% les niveaux d'alphabétisation des adultes, et notamment des femmes […] et assurer à tous les adultes un accès équitable aux programmes d'éducation de base et d'éducation permanente ». Et tout cela devraient satisfaire, par la même occasion, et avec une volonté politique sans faille, aux exigences définies par « Les Objectifs du Millénaire pour le Développement (OMD) » dont l'échéance fatidique demeure également l'année 2015. Nobles objectifs mais dont la réalisation reste encore hors d'atteinte si l'on sait qu'en Afrique subsaharienne les taux d'analphabétisme restent très élevés et se situent malheureusement à plus de 70% à maints endroits.

Face à la fracture sociale qui s'est ainsi créée ; à cette grande distance que l'on pourrait qualifier d'abyssale entre ceux qui savent, c'est-à-dire les lettrés, et ceux qui, très nombreux, n'ont aucune idée de ce qui se joue sous leurs yeux, les analphabètes, la nouvelle donne politique qu'est la démocratie ne peut que se transformer en crises politiques récurrentes. Malgré ce que l'on pourrait affirmer sur les vingt années écoulées depuis les assises dénommées : « Conférence Nationale des Forces vives de la Nation » qui furent organisées au Bénin en 1990 pour conférer au pays un nouveau visage politique, la démocratie mérite d'être revue et reconsidérée pour être appréhendée et comprise par l'ensemble des couches de la société. Comme l'affirme si bien l'écrivain camerounais Célestin Monga, cité par Anne-Cécile Robert : « Le continent souffre de quatre déficits profonds qui se renforcent mutuellement : le déficit d'amour propre et de confiance en soi ; le déficit de savoir et de connaissance, le déficit de leadership et le déficit de communication… ».[1] Une telle situation requiert alors que les meilleures solutions soient trouvées au plus tôt pour combler le gouffre.

Mais, au-delà de tout, la certitude existe que les pays africains, avec une certaine confiance en soi, pourraient relever le défi de l'alphabétisme mais au prix d'une nouvelle stratégie politique qui fera de l'éducation, à travers tous ses sous-secteurs, formel et non formel, la priorité des priorités et donc un puissant moteur de développement. Cela, parce que tous les peuples éduqués, c'est à dire, ayant des capacités techniques et intellectuelles requises, maîtrisent nécessairement leur environnement et peuvent, en conséquence, participer à la lutte, tant prônée, contre la pauvreté que l'on ne peut

---

[1] Anne-Cécile Robert, Emergence d'une voix africaine, *Le Monde diplomatique*, Février 2010

combattre « sans changer, comme le rappelle J.J. Adjovi, les règles du jeu social qui excluent les plus défavorisés de l'accès aux moyens de survie... »[2]. Car, « La nouvelle richesse des nations, comme le dit I. Ramonet, reposera de plus en plus, au cours de ce XXIe siècle, sur la matière grise, le savoir, la recherche, la capacité à innover et non plus sur la production de matières premières... »[3]. C'est là une réelle interpellation pour tous les responsables politiques, à tous les niveaux, qui devront agir afin qu'au-delà du tout économique, la culture et l'éducation, sous toutes ses formes, deviennent les éléments catalyseurs du développement intégral de l'Afrique en général et du Bénin en particulier. La question de l'éducation et de l'éradication de l'analphabétisme se pose dès lors comme une question politique centrale dont la « Déclaration de Persépolis » disait déjà, d'ailleurs, en 1975, à l'issue du Symposium international pour l'alphabétisation que : « L'alphabétisation, tout comme l'éducation en général, est un acte politique. Elle n'est pas neutre, car dévoiler la réalité sociale pour la transformer, ou la dissimuler pour la conserver, sont des actes politiques ». La présente réflexion s'interrogera donc sur ce que l'éducation a représenté dans le passé au

---

[2] Jean Joachim Adjovi, *La Souveraineté économique. Pour un développement équilibré*, Star Editions et La Croix du Bénin, Cotonou (Bénin), 2008.
[3] Ignacio Ramonet, *Guerres du XXIème siècle*, Editions Galilée, 2002.

Bénin ; sur les grandes orientations qui lui ont été assignées et quelles devront être les solutions nouvelles à envisager pour le type d'homme à former aujourd'hui. Autant de questions que l'on devra se poser maintenant pour tenter d'apporter quelques ébauches de solutions à tout ce qui continue de miner dangereusement l'Afrique en général et le Bénin en particulier mais qui ne paraît pas insurmontable, heureusement.

[…] Nous dompterons la radio, la télévision, les presses géantes d'imprimerie, pour faire sortir nos peuples des sombres abîmes de l'analphabétisme. »

[…] « Nous ne pouvons plus nous permettre de ne pas abattre la brousse exubérante des attitudes périmées qui obstruent notre voie vers les grands chemins modernes des réalisations les plus amples et les plus rapides d'indépendance économique et d'élévation au plus haut degré du mode de vie de nos peuples. »

Docteur Kwame NKRUMAH, (Sommet de l'OUA, 24 mai 1963).

CHAPITRE I

Les grandes orientations de l'éducation au Bénin : de la « Révolution populaire » à l'ère dite du « Changement »

En dehors des grandes nationalisations de sociétés et d'entreprises, la réforme qui fut, de l'avis général, la plus spectaculaire mise en œuvre par le Parti de la Révolution populaire du Bénin (PRPB) fut celle du système éducatif dont le Discours-Programme du 30 novembre 1972 avait déjà lancé les bases en affirmant qu'il « faudra :

- Élaborer une réforme authentique de l'enseignement conforme aux exigences de la nouvelle politique. Cette réforme aura à mettre en place des structures, un enseignement d'orientation et de contenu conformes aux nécessités d'un développement économique et national indépendant

- Revaloriser [les] langues nationales

- Réhabiliter [la] culture en l'adaptant aux besoins [de] nos masses laborieuses

- Ouvrir l'université à toutes les formes du savoir et à tous les courants contemporains de la pensée scientifique ».

Depuis l'indépendance, en effet, le Dahomey, aujourd'hui Bénin, s'est cherché dans la mise en place d'un système éducatif performant. Tant de réformes ont été expérimentées mais comme tout projet éducatif, elles ont connu nombre de correctifs ou des sorts plus ou moins malheureux. Souvent, à des manifestations violentes d'élèves et d'étudiants succédait la suppression pure et simple du projet en cours. Vint alors ce moment où le nouveau régime autoproclamé « révolutionnaire » a considéré que « l'éducation et la culture ont été au service de la domination et de l'exploitation étrangère ». En conséquence, il va falloir mettre en place : « une politique nouvelle d'indépendance nationale qui rompt avec le carcan d'étouffement des valeurs nationales que constitue l'école traditionnelle ». Vaste programme qui mit définitivement fin à toute une époque et à toute une tradition. Telle fut l'option qui mena vers ce grand bouleversement que connut l'Ecole béninoise. Lourde responsabilité donc à laquelle le Gouvernement militaire révolutionnaire tentera de faire face non sans difficultés. Après une conférence de deux semaines tenue en Mai 1973, suite aux annonces du Discours-Programme, l'ECOLE NOUVELLE naquit avec sa cohorte de réformes osées dont la conséquence directe fut la prise en charge par l'Etat de toutes les structures et institutions privées d'enseignement, dessaisissant ainsi prêtres, religieux, pasteurs et autres promoteurs, de leurs droits sur les écoles et collèges.

Cette situation marqua effectivement, à partir de ce moment, une véritable rupture. Comme le stipulent, en effet, les textes fondamentaux de cette réforme, l'Ecole « doit être conforme à la politique nouvelle d'indépendance nationale. Cela voudra dire, selon les directives énoncées, que l'on doit « réaliser dans le pays, une société où […] seraient atténuées les inégalités de revenus en attendant de pouvoir s'attaquer aux inégalités de fortune ». En conséquence, « cette école doit répondre à un certain nombre d'exigences fondamentales : […]. Elle doit être libératrice de l'exploitation de l'homme par l'homme. Elle doit assurer la formation d'un homme politiquement conscient des problèmes de son pays ; d'un patriote convaincu décidé à participer au développement économique et social de son pays ; d'un type d'homme intégré à son milieu, fier de servir et de défendre avec esprit de désintéressement les intérêts de son peuple… ». Ainsi, « l'une des finalités fondamentales de l'Ecole nouvelle étant la liaison de l'Ecole avec la vie, le contenu de l'enseignement doit répondre à un certain nombre d'exigences précises ». Par exemple, un « enseignement fournissant aux masses la possibilité d'appréhender le monde moderne et tous les moyens de transformation du milieu à partir des langues nationales, des valeurs tant nationales qu'universelles (scientifiques et culturelles) […] L'Ecole doit être [enfin] un moyen efficient de transformation globale de la société ».

Il va sans dire donc que l'ensemble des programmes devait être conforme à l'idéologie en cours et devait aussi être mis en œuvre pour obtenir, à court, à moyen et à long termes ce type d'homme dont on a rêvé. Les nouveaux décideurs avaient, en tout cas, maintenant tous les moyens pour faire du jeune Béninois un citoyen modèle et patriote surtout. La cohérence de l'enseignement telle que prévue n'avait, en effet, rien à envier à tout ce qui pouvait exister de plus consistant et de plus rigoureux en Afrique en matière de réforme éducative. C'est bien pour cette raison qu'elle fut soutenue par toutes les couches sociales du pays, indépendamment, bien sûr, d'une frange de Béninois pour qui l'idéologie choisie était une confiscation pure et simple des libertés et d'une autre pour qui les choix politiques étaient de loin contraires à la culture du peuple béninois ou de tout Africain en l'occurrence. La vérité est qu'elle fut imposée aux populations sans aucune concertation préalable et même, comble d'ironie, à celui qui devait en être le grand maître, le grand ordonnateur, à savoir le Président de la République lui-même qui n'avait revêtu le manteau de marxiste -léniniste qu'à travers la persuasion et la tromperie d'extrémistes de gauche reconvertis aujourd'hui qui en capitalistes convaincus, qui en chefs musulmans ou en pasteurs évangélistes, etc.

Mais, en fin de compte, a-t-on réussi à créer ce type d'homme ? Les programmes ont-ils été mis en œuvre dans les règles de l'art même si au départ ils avaient emporté l'adhésion d'un grand nombre de Béninois? A-t-on fourni aux acteurs, à tous les niveaux, les moyens humains, matériels et financiers nécessaires pour juguler la pénurie existante? Autant de questions auxquelles l'avenir a apporté des réponses. Mais des réponses cinglantes, conformes à la manière dont l'expérience a été conduite. Et comme on devrait s'en apercevoir, les fruits n'ont pas passé la promesse des fleurs. L'échec fut alors constaté. Dans tous les domaines d'ailleurs, qu'il soit économique, culturel ou social. Mais à la faveur de la liberté retrouvée et des structures démocratiques créées, les Etats généraux de l'Education eurent lieu en Octobre 1990. Après un diagnostic sévère de la période écoulée qui fit ressortir les nombreux maux dont avait souffert l'Ecole dite « Nouvelle », comme, entre autres tares : « la politisation à outrance de la chose éducative, l'absence de planification rigoureuse, le manque de ressources, les déviations liées à la mauvaise compréhension du concept « travail productif à l'école », la dégradation des valeurs morales accentuée par la suppression de l'enseignement éthique au profit de l'idéologie, l'absence d'une politique de promotion des personnels enseignants ».[4]

Les réflexions ont alors abouti à l'adoption d'une nouvelle orientation de l'Ecole à travers la garantie

---

[4] *Actes des Etats généraux de l'Education*, pp. 27-30, 1990

d'un enseignement « fournissant à tous la possibilité d'appréhender le monde moderne et de transformer le milieu en partant des valeurs culturelles endogènes et du patrimoine scientifique universel (scientifique et culturel), d'un enseignement scientifique de qualité, appuyé fortement sur une infrastructure nationale de recherche scientifique (fondamentale et appliquée) et qui n'exclut aucune discipline, d'un enseignement de formation globale [...]. En définitive, le système éducatif restera ouvert à toutes les innovations positives notamment l'éducation pour la paix, l'éducation relative à l'environnement, l'éducation au développement »[5]. La voie ainsi tracée fournit alors l'occasion au Premier Président de l'ère du « Renouveau démocratique » de formaliser dans son programme d'action intitulé : « Construire le Bénin du Renouveau » la nouvelle politique éducative dont on analysera ici les grandes lignes.

Les fondements de la nouvelle réforme

« S'il est entendu que l'homme est l'acteur et la finalité du développement, affirmera alors le Président dans ce programme, son bien-être peut, entre autres paramètres, se mesurer par rapport à l'accès à l'éducation [...]. C'est pourquoi [...] [la nouvelle réforme] visera essentiellement la mise en œuvre

---

[5] *Idem*, pp. 3135

d'un projet éducatif fondé sur le développement des aptitudes ». Une priorité, selon le même responsable, sera accordée à l'enseignement primaire « afin de créer les conditions devant le rendre progressivement obligatoire et gratuit ». Quant aux autres ordres d'enseignement notamment, « ils devront se rapprocher le plus possible des réalités de l'emploi et des besoins de l'économie [...] ». Quant à l'enseignement supérieur, la volonté du Président sera de veiller « à ce que toutes les dispositions soient progressivement prises pour que l'université, [...] puisse disposer du personnel qualifié et de moyens matériels et pédagogiques adéquats [...] lui permettant de remplir correctement sa mission »[6].

Les objectifs sont ainsi tracés, dans une perspective de rupture avec l'Ecole Nouvelle. Mais une rupture qui, à l'analyse des déclarations faites, considère moins l'éducation de façon « holistique », c'est-à-dire dans une globalité qui permettra à l'ensemble des sous-secteurs de l'éducation, formel et non formel, de s'intégrer efficacement et de s'interpénétrer correctement et de manière utilitaire pour l'un et pour l'autre. Quant au système formel, si l'enseignement primaire doit constituer une priorité comme le fait ressortir le document-programme, le risque majeur est de voir les autres domaines de ce sous-secteur végéter dans une décrépitude nuisible autant pour l'école elle-même

---

[6] *Ibidem*, p.44

que pour l'ensemble des usagers. Et pour qu'il n'en soit pas ainsi, les passerelles entre les différentes entités doivent alors constituer dans ce cas une préoccupation majeure des décideurs. Tout, en effet, doit être perçu de façon globale et harmonieuse. Ainsi, étape par étape, la situation antérieure à la période révolutionnaire se rétablit. Mais après tant d'années d'errance et d'interprétation fantaisiste des textes et des programmes, le Gouvernement du renouveau démocratique venait, à travers les Etats généraux, de passer à une normalisation, celle du rétablissement de ce qui était considéré comme l'éducation traditionnelle. Un retour à la tradition que réclamèrent aussi tous ceux-là qui avaient pourtant applaudi les programmes de « l'Ecole Nouvelle » quelques années auparavant.

Mais à l'analyse des résultats des Etats généraux de 1990, l'on est en droit d'affirmer aujourd'hui, au regard de certaines décisions qu'il aurait fallu étudier de plus près ce que l'Ecole Nouvelle avait d'original dans son contenu et non, bien sûr, dans sa mise en œuvre qui, à vrai dire, était véritablement hasardeuse. Cette attention aurait peut-être permis de faire émerger des innovations qui auraient pu faire avancer le nouveau système éducatif béninois, celui de l'ère démocratique et peut-être mieux qu'elle ne l'est aujourd'hui. Dans tous les cas, l'enseignement technique, fer de lance de toute éducation de nos jours, y était prévu avec un programme très étendu qui aurait redonné au système toutes ses lettres de noblesse. Nul n'ignore aussi le sort réservé à tous les déscolarisés et les rebuts créés par l'Ecole du Bénin. Le « Centre Populaire d'Education de Perfectionnement et d'Initiation à la production (CPEPIP)» prévu par l'Ecole Nouvelle devait représenter l'institution de substitution et de sauvetage pour cette catégorie d'apprenants dont les conditions sociales représentaient le plus grand handicap pour leur réussite. Il aurait fallu réintroduire cette idée et la faire développer à travers des moyens humains, financiers et matériels conséquents. En réfléchissant ainsi, l'on parlerait certainement moins aujourd'hui, à coup sûr, d'enfants de la rue, de délinquance et d'autres maux qui continuent de gangréner les pays africains en général et le Bénin en particulier. L'on n'y avait pas pensé parce qu'il fallait nécessairement jeter aux oubliettes l'ensemble des propositions faites dans le cadre de cette Ecole Nouvelle. Même les soutiens les plus indéfectibles de la réforme s'étaient estompés et avaient laissé faire dans une indifférence indicible. Moins d'une décennie après, les autorités politiques du moment, dans un document intitulé: « Livre blanc sur l'Action du Président » firent le bilan des actions entreprises dans la mise en œuvre de la politique globale de développement dont celle de la nouvelle réforme de l'éducation.

Les résultats acquis

Au nombre « des grandes réalisations », il faut noter, comme le précise le document : l' « égalité des chances pour tous, le renforcement de la qualité, la réhabilitation de l'appareil institutionnel, la régulation des flux, la mise en place d'un système de formation professionnelle continue qui, selon le rapport « a tenu compte des besoins de l'économie, de l'amélioration des ressources humaines et des qualifications ». Parole a été tenue, comme on peut s'en rendre compte, en ce qui concerne l'éducation de base qui a connu, en effet, un développement incontestable et même exponentiel. Mais le quasi abandon des autres domaines, comme le laissaient pressentir déjà certaines démarches, a été confirmée par les résultats obtenus et constatés par le bilan lui-même. Le domaine de l'enseignement technique et celui de l'enseignement supérieur ont été les laissés-pour- compte dans cette entreprise. Rien d'étonnant à cela car les institutions de financement internationales ne voyaient pas d'un bon œil le développement à outrance du sous-secteur de l'enseignement supérieur surtout. La raison en était simple pour ces Organisations. Il fallait développer et promouvoir l'éducation de base et par conséquent l'éducation pour tous. Idée louable mais qui ne devrait pas, contrairement à ce qui a été conçu et appliqué, exclure la mise en place d'un plan de développement prospectif de l'enseignement supérieur, promoteur de ressources humaines de qualité pour les pays en développement. Cette tendance à l'exclusion et négative en soi, n'était pas, heureusement, celle de l'UNESCO, en tout cas, qui n'avait de cesse de plaider pour une meilleure organisation du sous-secteur en question. Quant au volet technique, sa grande complexité et sa cherté constituent souvent des barrières insurmontables pour les gouvernants, d'où son faible rendement et la faible considération que l'on en a. En bref, si des résultats probants ont été remarqués dans l'enseignement de base, il faut dire que beaucoup de progrès auraient pu être accomplis dans les autres domaines si l'on n'avait pas cédé aux prescriptions hasardeuses des institutions de financement internationales, donc si une politique véritablement patriotique et souveraine avait été pensée sur l'ensemble du secteur de l'éducation. Les fameuses « conditionnalités » étaient là et il fallait que les gouvernants les respectent nécessairement. Les années ont passé, et comme pour toute réforme éducative, des correctifs sont intervenus. Ce que l'on a dénommé « Nouveaux programmes » caractérisés, dans son contenu, par l' « Approche par compétences », ont pris place dans la panoplie des réformes béninoises. Mais sont-ils vraiment nouveaux, ces programmes ? En quoi diffèrent-ils réellement de ce qui avait existé et de tout ce qu'avait proposé l'Ecole Nouvelle même si elle avait été mal appliquée ? S'était-on au moins rappelé son contenu avant de s'engager sur une nouvelle voie qui n'était, à vrai dire, pas tout à fait nouvelle ou originale ? Beaucoup d'éléments, selon la perception que l'on en a, s'y trouvaient déjà. L'amnésie collective dont on fait souvent preuve dans le pays pour des raisons diverses, et souvent de surenchère politique, ne rend pas la réflexion facile et honnête. S'il en avait été autrement, « les nouveaux programmes » avec leurs approches par compétences auraient certainement connu moins de soubresauts et de suspicions inutiles. L'introduction des langues nationales dans l'enseignement formel que l'on réclamait à cor et à cri et que l'on continue de faire, figurait en bonne place dans cette réforme. Il ne s'agit là que d'un exemple parmi tant d'autres. Les programmes de l'Ecole Nouvelle ont malheureusement vécu. C'est déjà de l'ordre du passé mais ils auraient pu malgré tout servir encore de base de réflexion aux futurs travaux. Quant aux « Nouveaux programmes », ils continuent néanmoins leur petit bonhomme de chemin.

Face aux récriminations des différentes couches sociales, le gouvernement s'est vu contraint d'organiser un « Forum » sur la gestion du sous-secteur de l'éducation au Bénin. Mais ces assises étaient-elles opportunes et devrait-on les voir organisées à ce moment-là et espérer atteindre de meilleurs résultats pour l'amélioration de l'école? On peut aujourd'hui, rétrospectivement, affirmer qu'il aurait fallu peut-être, organiser de nouveaux Etats généraux après ceux de 1990 afin de faire un point plus exhaustif à l'intérieur duquel tous les sous-secteurs de l'éducation auraient connu un diagnostic plus important et plus approfondi. La raison fondamentale en est que de 1990 à 2007, dix-sept années se sont écoulées sans qu'aucune revue n'ait été faite au niveau de la consistance des programmes d'éducation et de recherche. En lieu et place de cet exercice, ce Forum a eu lieu. Les programmes décennaux issus des réflexions des acteurs de l'école, même s'ils sont de très grande qualité et utilitaires, ne suffisent pas pour autant à mettre en évidence l'ensemble des questions liées à tous les sous-secteurs. En peu de jours donc, l'on a survolé l'intégralité des questions essentielles. On aurait dû mieux asseoir les bases de discussions et requérir, pour une meilleure qualité des programmes incriminés beaucoup plus d'avis que l'on en ait obtenus. Organisé autrement, le Forum aurait pu connaître une participation plus vaste et aurait été moins politisé. Car si d'un côté, le Parti communiste du Bénin (PCB) suivi en cela par d'autres groupes, voulait un retrait pur et simple des « Nouveaux programmes » sans pour autant, malheureusement, proposer une alternative crédible, une frange de la population béninoise les soutient mais en manquant de donner aux parents et autres utilisateurs de l'école tous les éclairages qu'ils exigeaient et exigent toujours pour mieux s'en pénétrer. D'autres, en leur qualité d'anciens enseignants, essaient d'en donner des points de vue plus clairs compte tenu de leur expérience passée. En parcourant, en effet, le programme de français en classe de seconde par exemple, le professeur Détchénou affirme qu':«[…] il n'est pas aisé d'entrer dans ce dédale de concepts pédagogiques nouveaux, […]. Plus de trente ans d'enseignement, dira t-il, m'ont habitué à lire des programmes et à les appliquer. Ils sont « écrits dans une langue simple, compréhensible même à des personnes qui n'enseignent pas. Aujourd'hui, c'est un jargon pédagogique pour initiés ; c'est une phraséologie complexe et rébarbative […] » inventée par ceux qu'il qualifie d' « Ayatollah des nouveaux programmes »[7]. La conséquence de ces clivages est que l'incompréhension demeure toujours. Les affrontements et divergences intellectuels sur la question persistent, perturbant dangereusement, à chaque année scolaire depuis ce Forum, le cours normal des activités pédagogiques. Si la précipitation n'avait pas été au rendez-vous, l'autre volet des questions récurrentes et inhérentes à l'éducation, à savoir, la revalorisation de la fonction enseignante aurait été mieux comprise et mieux construite et ne s'arrêterait pas uniquement aux primes et autres augmentations de salaires bien qu'elles soient d'une importance capitale pour la carrière des enseignants. Mais au-delà de l'enseignant, la revalorisation concernera aussi les

---

[7] A. Détchénou, Une phraséologie complexe et rébarbative in *Lacroix du Bénin*, n° 1068 du 15 octobre 2010, Cotonou (Bénin)

autres catégories d'acteurs, les parents d'élèves et les apprenants eux-mêmes. C'est l'environnement physique et global dans lequel évolue l'enseignant tous les jours qui en est aussi concerné. Lorsque l'élève vient acquérir le savoir sans aucun moyen de subsistance, situation révélatrice de la grande pauvreté des parents ; lorsqu'il en sait autant quelquefois que le maître lui-même, révélant l'absence de formation pour l'enseignant, il devient clair que tout cela s'intègre bien dans la question de la revalorisation de la fonction enseignante puisque devant conditionner tout l'environnement éducatif. Le Forum, aurait dû s'y appesantir. Mais ce n'était pas faute d'avoir voulu le faire. Le temps ne fut pas au rendez-vous. Et si l'éducation de base avait appelé plus d'attention et de réflexions à cause de la question d'actualité qui était celle des nouveaux programmes, le secondaire et le supérieur ont été véritablement les parents pauvres de la mise à plat souhaitée pour réformer de fond en comble tout le système éducatif béninois. Ici, tout a été effleuré faute de temps également. En effet, si le sous-secteur du secondaire a besoin aujourd'hui d'une réforme de fond, d'une attention particulière sur les programmes pour qu'il soit mis en conformité avec l'actualité, à savoir, le développement moderne et formidable des techniques et technologies de la communication et de l'information, le supérieur n'a guère été mieux loti au cours de ce Forum. Le visage actuel des facultés de l'université-mère et leur aspect physique montrent bien la difficulté tant pour les enseignants que pour les autorités académiques, à y donner aux jeunes béninois la formation requise pour faire corps avec le développement auquel l'on voudrait tendre. Le délabrement que présente l'institution, le manque chronique de salles de cours ou la pauvreté excessive de l'ensemble des installations techniques et des bibliothèques, donnent de l'université béninoise, en l'occurrence celle située dans la capitale économique, un visage que l'on ne verrait plus nulle part ailleurs dans une ville universitaire digne de ce nom. Heureusement aujourd'hui, les relations bilatérales avec des pays amis permettent de combler quelque peu une infime partie du gouffre. Au delà de l'aspect physique, la formation n'est guère plus reluisante aussi au regard du nombre exponentiel des étudiants. Autant de faits qui devraient militer en faveur de l'organisation de nouveaux Etats généraux au lieu d'un Forum qui n'avait fait que survoler un grand nombre de questions importantes. Les résultats sont là maintenant. Il faut, malgré tout, en tenir compte. Certaines décisions connaissent aujourd'hui un début d'application. Tant mieux. Mais la situation d'après Forum aurait pu être meilleure si les organes à créer, prévus au niveau des conclusions avaient été mis en place. Il s'agit notamment du Comité de suivi dont l'existence aurait évité au pays des pertes de temps inutiles et nuisibles à la bonne poursuite des calendriers scolaires. Certes, un Conseil chargé des questions éducatives vient de voir le jour. S'il y est en lieu et place du Comité de suivi, il faut alors s'en réjouir. Il est simplement à espérer qu'à travers lui, ce qui n'avait pas été analysé de façon conséquente le soit maintenant. Les dernières assises tenues par cette structure ont- elles vraiment répondu à de telles attentes ? L'avenir le dira en tout cas.

Ainsi, au regard de toutes les difficultés que connaît le sous-secteur de l'enseignement supérieur, il a nécessairement besoin, comme tous les autres, d'une thérapie de choc pour pouvoir relever les nombreux défis qui s'imposent à lui en ce vingt-et-unième siècle. Si tous les pays africains sont, en effet, confrontés au même phénomène en ce qui concerne l'enseignement supérieur, le Bénin semble battre le record dans certains domaines de son organisation. Ce qui risque d'hypothéquer douloureusement son avenir. Parmi ces questions, il y a d'abord la prolifération des structures d'enseignement supérieur privées. A preuve, environ une dizaine d'universités et plus de quatre-vingt centres privés d'enseignement supérieur se côtoient dans cet espace géographique étriqué du territoire béninois et surtout pour une population estimée à environ huit millions d'habitants avec près de soixante-cinq pour cent d'analphabètes totaux environ. Pareille pléthore d'institutions universitaires suscite à n'en pas douter un double sentiment. D'abord, une certaine satisfaction, néanmoins, mais mitigée, parce que ces centres et écoles viennent en appoint aux efforts de l'Etat qui ne peut, à vrai dire, tout faire dans un domaine aussi vaste, compliqué, complexe et multiforme à la fois. Elle est source de grande inquiétude malgré tout car de telles initiatives appellent également l'observance de règles académiques très strictes. C'est à ce titre qu'il est important de se pencher sur les deux questions suivantes que de telles interrogations font ressurgir. C'est d'une part la problématique du développement des ressources humaines et d'autre part celle de la mise en place de programmes de formation cohérents et pertinents.

Mais si les institutions d'enseignement privées se donnent allègrement la dénomination d'« Universités », il y a aussi lieu d'en comprendre le concept pour ne pas laisser libre cours à des ambigüités également nuisibles à l'institution. L'utilisation de la notion d'université par certains promoteurs privés a toujours paru, à vrai dire, peu conforme à ce qu'elle est et doit être dans la réalité. Car l'université est un « établissement public d'enseignement supérieur, constitué par l'ensemble des facultés établies dans une même académie et administré par un conseil de l'université » (Robert). L'on ne peut en aucun cas lui donner une couleur locale en considérant que ce qui fait l'université est essentiellement le nombre d'enseignements que l'on dispense et le nombre de formations organisées. A ce titre, on peut aisément affirmer que les établissements d'enseignement publics du Bénin, que ce soit l'université de Parakou située dans la région septentrionale du pays ou que ce soit l'université de Cotonou au Sud, s'y conforment de façon adéquate. Facultés, écoles, instituts, etc. en sont bel et bien leurs composantes. N'y a t-il pas dès lors un abus de langage lorsque les promoteurs privés voudraient ainsi dénommer leurs établissements pour les hisser à un rang qui n'est pas le leur ? Il faut le penser réellement. Il y a dès lors une importante méprise du côté de l'Etat à vouloir conférer aussi aux établissements créés ici et là dans toutes les régions du pays le statut d'université. Mais le cas semble encore plus grave compte tenu de l'indigence matérielle et technique des structures ainsi mises en place et dont la conséquence sera nécessairement une formation bâclée des supposés étudiants qui s'y sont inscrits. Est-ce bien là ce qu'il faut aujourd'hui pour le Bénin ?

Quant aux institutions privées, leur raison d'être, si l'on se fie à toute la publicité qui les entoure, est la formation de qualité à partir de programmes pertinents et même futuristes quelquefois. Mais si pendant les premières années de son existence l'université nationale du Bénin (UNB) a vécu en vase clos, elle s'est vue contrainte d'intégrer la grande famille africaine et mondiale de l'enseignement supérieur à travers l'importante structure interafricaine qu'est le CAMES (Conseil Africain et Malgache pour l'Enseignement supérieur) qui permet à l'ensemble des universités africaines francophones , de solliciter , chaque fois que le besoin se fera sentir, la création d'entités de formation nouvelles et de postuler, à partir de dossiers bien élaborés et convaincants, la reconnaissance de leurs programmes de formation. A cette question s'ajoute, bien entendu, celle de la qualification des enseignants et de leur promotion au regard des résultats de leurs recherches personnelles. Le CAMES est donc un outil régulateur indispensable reconnu de par le monde. Son intégration par tous les Etats est bien ce que suggéraient les universitaires réunis à Dakar en 1997 en vue de la préparation de la conférence mondiale sur l'enseignement supérieur qui eut lieu quelques mois après. Ces derniers ont notamment affirmé qu'il faut renforcer « les initiatives et les organismes (tel le CAMES, par exemple) qui ont pour fonction d'harmoniser les qualifications et certifications… »[8].

L'on peut déjà percevoir ici toute la problématique de la reconnaissance des diplômes tant sur le plan intérieur qu'extérieur. Ainsi, l'Université publique béninoise aurait pu, compte tenu de son ancienneté et des possibilités qui sont les siennes, disposer d'un nombre suffisant d'enseignants ; assez, en tout cas, pour couvrir l'ensemble des programmes qui sont les siens. Mais il n'en est pourtant rien car les besoins sont encore

---

[8] UNESCO/Dakar, *Déclaration et Plan d'action sur l'enseignement supérieur en Afrique*, 1997.

immenses. La première interrogation concernant les universités privées est alors celle-ci : où et comment s'opèrent les recrutements d'enseignants employés dans ces institutions ? Même aidées en cela par les ressources humaines des universités publiques, le problème demeure car le pays est loin de regorger de tant d'enseignants qualifiés dont les universités privées auront besoin. L'on sait aussi qu'il est exigé par le CAMES que les institutions universitaires disposent d'un pourcentage d'enseignants permanents pour que soient validés les diplômes décernés. Ce nombre existe t-il vraiment dans les centres privés? L'on rétorquera que les dossiers de création d'établissements privés passent par les fourches caudines des ministères chargés de l'éducation. Mais jusqu'où s'étend le contrôle des services chargés d'exercer ce pouvoir ? On peut, sans risque de se tromper, affirmer que ces établissements ne disposent pas, du moins pour le moment, d'enseignants en nombre suffisant pour prendre en charge tous les enseignements que l'on se plaît, malgré tout, à mettre en place dans certaines de ces structures privées. C'est déjà là une grave lacune qui crée pour les inscrits et donc pour tous les étudiants un réel problème de formation quant à la qualité. N'y a t-il pas là aussi une arnaque bien pensée et préméditée? L'on sait aussi que la mode est aujourd'hui à la mise en place du LMD (Licence, Master, Doctorat). La plupart de nos structures privées s'y sont engagées. Or chacun sait que l'organisation d'un tel système reste très contraignante de par la qualité des ressources humaines et la pertinence des programmes. Les universités publiques ont mis du temps pour envisager son implantation qui est encore loin d'être effective dans toutes les structures pour le moment. L'Union Européenne à laquelle toutes les universités africaines voudraient se conformer à travers ce programme, a voulu, par ce biais, harmoniser les diplômes et faciliter la mobilité des étudiants et des enseignants mais avec, et l'on peut l'imaginer aisément, des moyens financiers très importants. Ce serait alors tant mieux si nos universités privées avancent déjà dans ce sillage sans accrocs. Mais on peut, sans risque de se tromper, dire qu'elles n'en n'ont pas les moyens matériels et humains aujourd'hui parce que dans cet état d'émiettement, aucune d'elle n'aura jamais la force et la couverture financière suffisante et nécessaire pour y faire face. Ces observations méritent d'être faites pour éviter que naissent, dans un futur proche, les mêmes difficultés que l'on connaît en ce moment au niveau du public. On doit aussi se questionner sur la validité et la pertinence des programmes des « masters » et des « doctorats » même si des parrainages extérieurs, supposés ou réels, français ou américains notamment, viennent se poser comme cautions de la viabilité de tout ce qui est présenté au public par les promoteurs privés. A ce titre, il est important de rappeler encore les suggestions faites dans la déclaration de Dakar citée supra qui suggère que « chaque institution mette en place les structures adéquates pour évaluer et réguler les programmes d'enseignement, les activités des enseignants qui y sont impliqués… ». Les accords que ces promoteurs disent avoir conclus avec des universités étrangères restent, à notre avis, quelque peu suspects pour la simple raison que pour leur développement et pour leur renommée surtout, les institutions étrangères vont naturellement de préférence vers les établissements publics d'autres continents et non vers les privés notamment lorsqu'il s'agit des pays du Sud parce que peu fiables. Malgré tout, ceux qui s'y aventurent et se mettent en partenariat avec les universités du Sud répondent à un objectif bien précis, celui de la mise en place d'une certaine politique machiavélique qui voudrait, par tous les moyens, éloigner les étudiants africains des territoires européens, notamment français. Au lieu du test ADN suggéré il y a quelques années qui concerne la question du regroupement familial, c'est ce subterfuge qui semble être inventé pour le sous-secteur de l'éducation. Par ailleurs, sur le demi-millier d'étudiants qui obtiennent leurs diplômes chaque année dans les universités privées béninoises, combien parmi eux peuvent s'inscrire dans les institutions universitaires françaises, malgré les fameux parrainages démontrés et exhibés? Il y a à ce niveau un manque de sérieux que l'autorité de tutelle doit pouvoir relever tant la question de l'enseignement supérieur est une entreprise dont le bradage est toujours fatal pour un pays. Car, « Les prestataires frauduleux (« marchands de diplômes ») posent un sérieux problème qui doit faire l'objet de diverses mesures aux niveaux national et international » tel que le précise le communiqué final de la Conférence sur l'enseignement supérieur tenue à l'UNESCO à Paris en Juillet 2009.

Pourtant, malgré toutes ces lacunes et difficultés, l'Etat restera toujours dépendant du sous-secteur privé dans le domaine de la formation. C'est d'ailleurs dans cette optique que l'Association des Universités Africaines (AUA) affirmait dans une déclaration sur l'Université africaine pour le troisième millénaire que : « compte tenu de l'indispensable apport de l'enseignement supérieur dans le processus national de développement, les gouvernements africains doivent continuer d'assurer la principale responsabilité dans la prise en charge de leurs universités avec le concours des autres partenaires, y compris le sous-secteur privé ». Or une telle collaboration devra être organisée afin que la qualité soit réellement au rendez-vous. La collaboration implique aussi que tous les programmes de formation passent par le contrôle du CAMES qui demeure le seul instrument de régulation en Afrique francophone dans le domaine de l'enseignement supérieur. Tel est, au niveau du privé, certains des problèmes qui lui sont spécifiques et qui, ajoutés à ceux du public méritent d'être résolus au plus tôt pour permettre une réelle avancée de l'enseignement supérieur au Bénin. Car a-t-on véritablement besoin d'une telle dispersion des forces dans un pays si faiblement peuplé et sans ressources suffisantes? La pléthore des institutions supérieures privées constitue déjà pour le système éducatif lui-même un handicap sérieux au regard des niveaux disparates d'acquisition du savoir et des diverses pénuries constatées dans tous les domaines mais que l'on prend soin de dissimuler. C'est bien pour toutes ces raisons qu'il devient nécessaire et urgent d'engager des réformes pertinentes, capables de bouleverser de fond en comble l'existant. Elles se feront autant pour le privé que pour le public. En ce qui concerne le système public, un tel travail avait d'ailleurs été prévu depuis les années 90 dont les termes de référence faisaient ressortir précisément que : « l'Université Nationale du Bénin, à l'image de ses paires de la sous-région, est devenue un lieu exclusif d'acquisition du savoir […]. Depuis la Conférence Nationale de Février 1990, devait-on y lire encore, le pays est revenu à une logique d'économie libérale, avec le changement de société qui l'accompagne et l'expression de nouveaux besoins en formation. Cette contrainte vient se greffer sur le lot des problèmes qui minent l'université dans une situation de plus en plus critique ». Ainsi, les domaines essentiels de la réforme préconisée ou de l'audit, en termes plus clairs, comme le faisait ressortir l'ensemble des discussions engagées à cet effet à cette époque-là, devraient être la gouvernance, c'est-à-dire l'organisation et la gestion de l'université, la réforme des programmes académiques qui comprennent l'évaluation des contenus des programmes, le développement des programmes de recherche puis une dernière rubrique importante qui concerne le système d'information et de gestion.

Lorsque ce travail sera accompli, l'institution universitaire pourrait redorer son blason qui risque de ternir encore plus à défaut d'une telle entreprise, parce que tous les efforts fournis par les enseignants et les chercheurs pour la rendre encore vivante, se perdraient malheureusement. Atteindre cet objectif, c'est aussi faire en sorte que le nouveau système académique dans lequel l'université est appelée à s'intégrer, à savoir, le LMD notamment, trouve un terrain favorable pour se développer sans difficulté. Il sera aussi le meilleur facteur pour le développement harmonieux de l'enseignement supérieur au Bénin et partant, de la mise en place de bases fondamentales pour un pays émergent dont les cadres chargés de le maintenir toujours à flot devront être de qualité et de véritables patriotes. Ainsi, de moins en moins, l'on parlera de ce mal qui gangrène tout, la corruption. Et comme le souligne l'AUA : « Plus que par le passé, les universités africaines doivent renouveler leur engagement pour aider l'Afrique à trouver des solutions efficaces à ses problèmes que sont la pauvreté, la faim et la maladie. Elles doivent aussi, à travers la recherche et l'enseignement, accroître leur contribution à l'amélioration de la production et de la distribution des aliments, de la lutte contre les maladies et de la prestation de services de santé, ainsi que du bien-être de leurs communautés respectives […]. Les universités africaines, « doivent être, en tout état de cause, à l'avant-garde des recherches, de l'éducation et des actions dans le domaine »[9]. Mais puisque l'éducation doit être considérée de façon holistique, le développement du sous-secteur du supérieur devra, s'il retrouve la place et le rôle qui sont les siens, donner un souffle nouveau et renforcer les autres sous-secteurs. Voilà ce que doit représenter en ce troisième millénaire cette institution dans sa marche vers la transformation du Bénin en un pays émergent mais une émergence à travers laquelle toutes les couches sociales les plus pauvres trouveront aussi leur place. Un pays où elles subiront moins les lois iniques du commerce international, l'arrogance de tous ceux-là qui voudraient toujours s'enrichir à leurs dépens. En se développant, l'institution du supérieur et de la recherche doit pouvoir aider à une meilleure compréhension de cette nouvelle vision et à son organisation. L'on constate donc aisément que les grands problèmes qui sont ceux du supérieur et de la recherche au Bénin

---

[9] *Déclaration sur l'Université Africaine pour le Troisième millénaire*, Association des Universités Africaines, Nairobi (Kenya) 9 Février 2001.

relèvent de la transformation radicale et de la modernisation de l'institution tant sur le plan physique qu'intellectuel ; car il n'est plus tolérable en ce troisième millénaire de voir le Bénin abriter une université dont l'état de délabrement matériel et physique reste à ce point déplorable. L'exemple le plus patent est celui de la Faculté des Lettres, Arts et Sciences Humaines dont l'aspect vétuste et répulsif montre à quel point l'Ecole et l'Education en général ont été le dernier des soucis des autorités politiques durant des années. Mais il ne s'agit plus « de chercher, comme le dit Sourou Migan Apithy, à situer les responsabilités d'autrui et de faire son « mea culpa » en frappant sur la poitrine du voisin : nous sommes, a t-il écrit, à des degrés divers, tous comptables du destin du pays »[10]. L'espoir, aujourd'hui, est que la recherche de l'émergence économique devrait vraiment constituer un nouveau départ pour les générations futures en quête de mieux et du mieux-être. Au delà de ce qui peut être considéré comme la partie visible de l'institution, l'université publique doit alors cesser d'être « une boîte » dans laquelle sont déversées chaque année des centaines de jeunes bacheliers sans perspective d'avenir pour la plupart, s'inscrivant ici ou là sans grande information, au hasard des rencontres faites quelquefois, changeant plusieurs fois de faculté au gré des résultats obtenus. La

---

[10] Sourou Migan Apithy, *Telle est la vérité*, p. 97, Ed. Présence Africaine, Paris, 1968.

gratuité complète de l'inscription, annoncée par l'autorité publique aggravera encore cette situation alarmante, source de tous les vandalismes et exigences incohérentes observées tous les ans sur les différents campus. La meilleure politique serait, en ce moment, pense-t-on, de pouvoir faire de l'orientation universitaire un élément essentiel dans le recrutement. Alors, la gratuité pourrait, en ce moment là, peut-être, avoir son sens, mais encore faudrait il en étudier tous les contours. Dans le cas contraire, l'on continuera de voir dans toutes les facultés et sans exception, des centaines d'étudiants inscrits dans les premières années par exemple. Tout le monde semble s'y complaire sauf, bien sûr, les enseignants au premier chef, pour des raisons évidentes de gestion du nombre d'inscrits et de correction des examens et ensuite les étudiants eux-mêmes en raison du manque notoire de facilités matérielles de tous genres. Lorsque les autorités plaident, à chaque visite des universités, pour une meilleure adaptation des entités aux réalités modernes ou aux besoins réels du pays, il faut se demander s'il suffit de l'évoquer pour que se réalise la ou les réformes pourtant importantes et nécessaires. Il faut en avoir une idée précise pour que suive la volonté politique d'agir autrement.

Car : « L'enseignement supérieur africain devrait encourager une bonne gouvernance fondée sur une responsabilisation claire [...] et « doit poursuivre simultanément trois objectifs : équité, pertinence et qualité ».[11]

Un autre domaine important sur lequel le Forum aurait dû mettre un accent particulier est la recherche. Les réflexions menées sur ce sous-secteur il y a quelques décennies, avaient abouti à la création du Centre béninois de la Recherche Scientifique (CBRST) auquel l'organisation interne et les travaux réalisés par les différents instituts le composant ont donné une reconnaissance sans faille. Il y a quelques années, le Centre national de Linguistique appliquée, placé précisément sous la tutelle du CBRST, avait inauguré, à travers une équipe pluridisciplinaire spécialisée en sciences humaines, des recherches communes avec des chercheurs du Conseil de l'Entente[12] dans les domaines de compétences de chacun des membres de l'équipe. C'est ainsi que l'Atlas linguistique des pays composant ce Conseil a été élaboré au grand bénéfice autant des chercheurs eux-mêmes que

---

[11] Communiqué de la Conférence mondiale sur l'enseignement supérieur 2009 : *La nouvelle dynamique de l'enseignement supérieur et de la recherche au service du progrès social et du développement*, p. 5, Paris, 8 juillet 2009.
[12] Le Conseil de l'Entente comprend : le Bénin, la Côte d'Ivoire, le Burkina Faso, le Niger et le Togo.

desdits pays. Le Bénin, on le sait, n'est pas différent d'autres Etats devenus aujourd'hui « pays émergents » surtout dans ce domaine important qu'est la recherche. Est-il si loin intellectuellement d'un pays comme le Vietnam qui vient à peine de sortir de la guerre et dont le taux de croissance économique laisse pourtant rêver ? L'effort au travail, le développement de la recherche constituent, et personne n'en doute, les bases d'une telle performance. Mais si le népotisme et le clientélisme politique doivent constituer les fondements des nominations des responsables placés à la tête des centres ou instituts de recherche, il est certain que la léthargie existante continuera et que l'on rêvera et épiloguera encore longtemps sur un développement effectif de ce domaine. Il importe en conséquence que les résolutions minimales retenues par le Forum à propos de la recherche soient effectivement prises en compte. Il s'agira, en effet de : « a) mettre en œuvre un programme ambitieux d'infrastructures et d'équipements ; b) accroître le financement de la recherche ; c) favoriser la contribution de la diaspora scientifique au développement de la science et de la technologie […] ; d) mettre en place un ambitieux programme de valorisation de la recherche ».

Pour éviter alors la banalisation ou l'oubli pur et simple de ces résolutions, l'audit du sous-secteur de l'enseignement supérieur devra être impérativement organisé et s'appesantira sur cette problématique qu'est le développement de la recherche au Bénin. Ne pas vouloir réunir ces grandes assises sur l'Institution universitaire tout entière ne serait qu'une bombe à retardement qui explosera tôt ou tard ou peut-être même à brève échéance. Il ne s'agit pas ici de s'emmurer dans un pessimisme béat mais de procéder à l'analyse d'une situation d'échec qui se constate à vue d'œil. Il est donc temps de réagir. Le Changement y portera certainement des solutions viables, on n'en est convaincu. Toutes ces inquiétudes ont encore été exprimées lors de cette même conférence tenue à Paris en juillet 2009 et dont on a déjà fait cas parce qu'il s'agit après tout d'un problème international mais fondamentalement africain. Dans le communiqué évoqué, les conférenciers soulignèrent qu' « il est urgent que l'enseignement supérieur africain adopte une nouvelle dynamique en vue d'une transformation globale de façon à améliorer sensiblement sa pertinence et sa réactivité aux réalités politiques, sociales et économiques des pays africains. Ce nouvel élan pourrait réorienter la lutte contre le sous-développement et la pauvreté en Afrique. Il faudrait, à cette fin, accorder à l'enseignement supérieur et à la recherche en Afrique davantage d'attention que cela n'a été le cas ces onze dernières années... »[13]. Ainsi, dix années après la dernière conférence, les mêmes problèmes demeurent et se trouvent doublés d'autres questions aussi ou sinon

---

[13] *Idem*, p.5

plus importantes que celles qui avaient déjà attiré l'attention des décideurs. Il est alors temps que chaque gouvernement puisse véritablement se forger une volonté politique d'engager les réformes nécessaires pour que ce sous-secteur puisse « non seulement transmettre des compétences solides pour le monde actuel et à venir, mais former des citoyens responsables, prêts à défendre la paix, les droits de l'homme et les valeurs de la démocratie »[14].

En bref, le sous-secteur de l'enseignement supérieur doit nécessairement subir l'audit en question. Celui qui avait été proposé dans les années 90 et qui malheureusement n'a pu se réaliser à cause de toutes les conditionnalités mises en place par les organisations financières internationales et aussi par l'action nocive de certains acteurs du sous-secteur, fait place maintenant à une autre activité dite ARHES et pilotée par la Coopération française. Il s'agit là d'un heureux dénouement qui montre que tout le monde comprend aujourd'hui l'importance de l'enseignement supérieur dans un pays et notamment sa nécessité pour l'Afrique tout entière. Mais l'on peut, malgré cet acte louable, déplorer que le Bénin, pays souverain, ait abandonné l'initiative d'une réforme à la seule partie française même si elle en est la pourvoyeuse de fonds. Il aurait fallu, comme il en avait été question précédemment dans les termes de référence de l'audit envisagé, donner à la

---

[14]*Op. cit.* p.5

coopération avec les universités anglophones limitrophes, notamment celles du Nigéria et du Ghana ou simplement à l'AUA tout court, l'importance qu'une telle communauté de réflexion mérite. Car personne n'ignore, en effet, ce que valent qualitativement les universités anglo-saxonnes. Sortir d'un tel carcan tutélaire ne fera que du bien à l'enseignement supérieur tout entier. Est-ce pour rien, en effet, qu'est née la nouvelle réforme des licences, masters et doctorats, les LMD, en l'occurrence ? Pas ex-nihilo dans tous les cas. Est-ce pour des raisons financières ou de contact avec d'autres Européens uniquement que les chercheurs français sortent de leur pays pour aller s'installer ailleurs aux Etats-Unis, en Grande-Bretagne, en Australie etc.? Ces déplacements sont la conséquence de la faiblesse organisationnelle de l'enseignement supérieur français en comparaison avec celles anglo-saxonnes et de la modicité du financement de la recherche. Même les réformes engagées par les ministres qui se succèdent en France ne convainquent plus les universités, d'où les rejets successifs de certains projets. Pour toutes ces raisons éminemment importantes et politiques aussi, les autorités ministérielles béninoises d'alors avaient noué des contacts avec des universités canadiennes spécialisées dans le domaine des audits et avec l'Association des Universités Africaines (AUA) pour une mise en œuvre technique de ce travail. Le manque de fonds ne justifie pas tout parce qu'il faut, sur un plan prospectif, considérer ce que gagne, en procédant ainsi, toute la communauté universitaire béninoise. Mais encore faudrait-il que les collègues concernés aient eu à cœur de défendre eux-mêmes cette question fondamentale. Quoiqu'il en soit, cela s'imposera à tous un jour dans le cadre déjà bien tracé par la CEDEAO (Communauté Economique des Etats de l'Afrique de l'Ouest), à moins que l'on n'y croie pas soi-même. Un tel audit devra inévitablement se réaliser hors de toute tutelle et avec les pays environnants, qu'ils soient francophones ou anglophones parce que le système béninois a besoin de l'organisation universitaire avérée de ces Etats pour se développer et pour rentrer dans la modernité avec tous ceux qui ont véritablement réussi. Les relations universitaires avec le Nigéria et le Ghana auxquelles sont pourtant attachés si jalousement les universitaires béninois devront se réaliser pour permettre tout au moins les échanges d'étudiants et d'enseignants dans un environnement plus convivial et plus libre que ce que l'on connaît et rencontre en ce moment au niveau des inscriptions dans les universités du Nord. Le bilinguisme français/anglais et le développement de la recherche doivent être aussi au centre de ces préoccupations donc de la mise en place de la coopération avec ces universités anglophones limitrophes. Mais nul ne doit, à ce niveau, se nourrir d'illusions parce que la partie française, pour une question hautement politique cherchera à s'y opposer. Il va donc falloir s'imposer souverainement pour obtenir gain de cause. ARHES, à dire vrai, comblera, certes, quelques lacunes mais n'abordera pas l'essentiel ou les questions vitales de l'université béninoise. Personne ne peut convaincre du contraire. Le Bénin doit donc prendre son destin en main et le prendre très vite avant qu'il ne soit trop tard.

L'émergence économique prônée par les autorités politiques signifie aussi la mise en place de ressources humaines valables et compétentes. Mais en sera t-il vraiment ainsi si ces décideurs continuent de penser que la création de facultés ou de pseudo-universités dans tous les bourgs du pays résoudrait vraiment la question de la qualité ? Assurément non car ces derniers n'ont pas et n'auront pas avant longtemps les moyens de cette politique. Populisme ou manque de vision politique ? Nul ne peut le dire. Mais, ce qui reste néanmoins très sûr est que si le sous-secteur de l'institution universitaire est chargé d'assumer les lourdes responsabilités qui sont les siennes, il est clair qu'il ne peut seul le faire. Il devra être le moteur du changement qualitatif des autres domaines de l'éducation qui nécessairement l'aideront en retour dans les grandes tâches que requière la formation intégrale des populations. Tout le monde en est convaincu aujourd'hui que ce soit dans les pays les plus avancés ou dans ceux qui le sont moins. En effet, le développement recherché à travers la nouvelle vision politique dont l'objectif est de transformer qualitativement l'ensemble de la société béninoise appelle aussi la promotion rapide d'un autre sous-secteur qui est celui de l'éducation des adultes et l'alphabétisation. C'est pour cette raison que, l'université se retrouvera en première ligne au niveau de la recherche en éducation des adultes, la formation des formateurs des adultes, le développement des langues, des programmes et des curricula. Il s'agit, en abordant cette question, de montrer que ce qui fait la pauvreté d'un grand nombre de pays aujourd'hui et qui l'accentue, c'est le taux très peu élevé de l'alphabétisme qui se situe entre 30 et 35% environ au Bénin par exemple. Ainsi, quels que soient les efforts consentis par les sous-secteurs formels de l'éducation, aucun pays ne peut envisager un développement social et économique avec le handicap de 65 à 70% d'analphabètes. Tous les dirigeants africains, d'hier et d'aujourd'hui n'ont cessé et ne cessent de le clamer haut et fort. Et pourtant le fléau de l'analphabétisme est toujours là, grandissant. Toutes les Organisations internationales, notamment l'UNESCO, continuent de sensibiliser, de guider dans le sens d'une prise en charge effective du sous-secteur. Le fléau s'étend malgré les efforts bien évidents que déploient certains pays.

Malheureusement, l'on a comme l'impression que le mal a atteint maintenant un tournant dangereux ou un point de non retour simplement. L'analphabétisme devient, à vrai dire, une gangrène qui empêche d'envisager de meilleures situations sociales pour les populations africaines. Se poser alors la question de savoir pourquoi un tel échec dans la mise en place de politiques pertinentes et de qualité pour combattre le mal devient urgent et nécessaire. Nombreuses sont, en effet, les entraves qui empêchent et bloquent les efforts fournis ici et là. Une des plus visibles est le multilinguisme dans lequel baignent tous les pays africains. Si certains l'ont organisé et balisé, il constitue pour d'autres un problème qui fait de la question du développement des langues nationales et de l'alphabétisation une occasion de perte de temps et d'obligations financières inutiles. Pourtant, sans une analyse approfondie de la situation linguistique et sans une prise de position pertinente sur son utilité et une volonté politique clairement affirmée, le développement des pays ne peut être envisagé dans des conditions de réussite maximale. Ainsi, dès lors que le multilinguisme constitue une entrave, il devient quasiment impossible d'envisager la mise en place d'environnements lettrés bien établis et donc l'existence de sociétés du savoir pour un développement harmonieux dans ces pays. Deux problèmes se posent donc aux pays africains à contexte multilingue. Deux questions intimement liées. Il s'agit de l'environnement multilingue lui-même et du concept de société du savoir. L'une entraîne fondamentalement l'autre et la relation de cause à effet est parfaitement évidente. Il convient

en conséquence maintenant de définir les deux notions et d'en montrer tous les contours. Il y a donc lieu de se demander quelles sont les réalités qu'elles recouvrent et quelles en sont les conséquences pour une avancée qualitative des pays concernés vers le développement. Telles seront les questions essentielles auxquelles il va falloir répondre. Mais dans le contexte économique mondial que l'on vit aujourd'hui, il devient important de situer la place des langues africaines face à la mondialisation au regard de l'environnement d'hétérogénéité linguistique de l'Afrique. Comme pour les échanges commerciaux mondiaux qui continueront d'être de plus en plus denses, peut-on nourrir l'espoir de voir un jour les langues africaines s'imposer aussi sur l'échiquier mondial ou doit-on, malheureusement, assister, impuissant, à la mort des outils de communication africains et donc à la perte des cultures y afférentes et partant de l'identité africaine elle-même? La problématique sera abordée ici et elle mérite de l'être étant entendu que le continent doit pouvoir retrouver sa place de choix dans le concert des nations comme d'autres, l'Asie, par exemple, pour ne pas continuer de vivre sous tutelle à la grande satisfaction de tous ceux-là pour qui une certaine « négrologie », teintée d'un mépris sous-jacent constitue un véritable fonds de commerce.
Pourtant, débarrassée de ses difficultés évidentes, l'Afrique devra survivre et se construire, à travers un développement qui sera d'une manière ou d'une

autre différent du modèle adopté à ce jour mais dont l' « endogénéité » reflétera le caractère authentique de tous ses habitants. Il va falloir se souvenir ici, pour le futu,r de ce qu'affirmait, plein d'espoir, le grand historien africain, Joseph Ki-Zerbo, en ces termes : « Qui d'entre nous n'a pas vibré à la lecture de Racine ou de Baudelaire ? Mais est-ce une raison pour nous de renoncer à développer nos propres possibilités, à essayer de faire qu'un jour dans nos langues africaines aussi il y ait des Racine et des Baudelaire ? (1965 : 138).

Le multilinguisme : problématique

Le contexte multilingue, de manière simple, est un environnement linguistique dans lequel cohabitent plusieurs parlers appartenant aux divers groupes sociaux qui y vivent. Certains de ces parlers s'imposent comme langues dominantes tandis que d'autres, par contre, sont moins utilisées et tendent à disparaître purement et simplement. Comme le prédisent des spécialistes, « dans quelques générations, plus de la moitié des 7000 langues parlées dans le monde risquent d'avoir disparu ». A ce sujet aussi Louis - Jean Calvet précise que : « contrairement à ce que certains peuvent penser, cette multiplicité des langues ne définit pas des situations ou des continents particuliers, elle n'est pas spécialement l'apanage du tiers-monde, des pays en voie de développement que l'on imagine volontiers tiraillés entre leurs dialectes, leurs patois et nos langues ; elle est le lot commun, même si elle se manifeste différemment selon le cas »[15]. Il en arrive ainsi à définir plusieurs sortes de multilinguismes : « le multilinguisme éclaté apparais -sant sous forme de diglossie, le multilinguisme à langues dominantes minoritaires, le multilinguisme qui se définit par le fait que les systèmes de communication du peuple ne sont pas représentés dans les structures de l'Etat mais, nous donne à voir une seule langue dominante ». Il parlera également de « multilinguisme à langue dominante alternative» et de multilinguisme à langues dominantes régionales »[16]. Telles sont les différentes catégories établies par Calvet mais qui n'occultent pas le problème posé au départ quelle que soit la forme de multilinguisme constatée. En effet, considérant le cas de l'Afrique subsaharienne, la majorité des pays qui la compose vit dans des contextes multilingues marqués par la domination de langues extra-africaines érigées en langues officielles qui sont, en l'occurrence, les langues issues de la colonisation. Mais les parlers locaux, s'ils ne sont pas totalement oubliés, sont pratiquement interdits d'usage officiel, à quelques exceptions près et servent timidement ici et là dans les premières années d'éducation de base formelle ou plus fréquemment dans les activités

---

[15] Louis-Jean Calvet, *La guerre des langues*, p. 43, Ed. Payot, 1987
[16] *Idem*, p. 55

d'alphabétisation. Malheureusement, elles ne survivent pas très longtemps à la présence des langues officielles internationales. La conséquence est que, faute de pouvoir utiliser ces médias locaux pour offrir et promouvoir l'éducation, cette attitude de refus continue de favoriser l'accroissement de l'analphabétisme, ce qui rend du coup l'émergence de sociétés du savoir problématique. Certaines raisons sont encore constamment évoquées pour ne pas donner vie aux langues locales comme si les parlers dits de grande extension et largement utilisés sur la scène internationale avaient des prédispositions naturelles pour répondre aux besoins linguistiques du monde moderne. Ces différentes assertions sont résumées ici par Paï Obanya[17] en ces termes :

- Il y a trop de langues et le choix de langues pour l'éducation est impossible.
- Les grandes villes posent un problème spécifique puisqu'il y aura trop de langues concurrentes
- Le coût lié à la formation des maîtres et au développement des matériaux didactiques dans un contexte multilingue est prohibitif
- Une grande insistance sur l'apprentissage en langue maternelle sera au détriment d'une bonne

---

[17] Paï Obanya, The Dilemma of Education in Africa, pp.2526, in Rapport sur l'Education en Afrique, Bureau Régional pour l'Education en Afrique, Dakar, 1999, (traduit de l'anglais par l'auteur).

acquisition des langues officielles qui demeurent des instruments de communication internationale

- Les langues africaines ne possèdent pas les termes techniques et scientifiques dont on a besoin pour comprendre la complexité du monde d'aujourd'hui […].

A chacun des faits ainsi évoqués, une réponse a été apportée, mettant en exergue la vacuité de ces interrogations bien que légitimes mais que l'on ose à peine avancer à propos de celles qui se situent hors du continent et qui, par une recherche approfondie et soutenue ont acquis la notoriété dont elles jouissent aujourd'hui. « Il n'y a pas de raison de refuser aux langues de l'Afrique un esprit systématique qu'on n'a jamais eu l'idée de refuser aux langues européennes » comme l'affirmait M. Houis, cité par Amedegnato[18]. L'Asie, pour ce qui en est connu, n'est pas mieux lotie que les pays africains en matière de nombre de langues. Pourtant, telle qu'elle est perçue aujourd'hui, cette partie du monde n'a rien à envier aux pays les plus développés pour ce qui est de la maîtrise des outils linguistiques et de l'utilisation que l'on en fait dans la vie courante. Le

---

[18] Senamin Amedegnato, *Le volet linguistique de l'œuvre de Cheikh Anta Diop : quel héritage aujourd'hui pour le développement de l'Afrique ?* p.5. Contribution au débat organisé par le collectif des Africains de Montpellier en hommage à Cheikh Anta Diop, samedi 12 avril 2003, Université Paul Valéry.

développement des techniques et des technologies de l'information et de la communication à travers les grandes langues locales parlées dans la plupart des pays asiatiques en est une preuve palpable. Il faut donc se convaincre que tout langage humain est apte à véhiculer le savoir et a besoin, pour atteindre cet objectif, d'être pris en charge. Cela voudrait alors dire développement et modernisation des langues. Car, tel que l'affirme encore P. Obanya : « c'est l'usage du langage verbal qui a permis à l'être humain de penser, de créer, d'enregistrer les événements, de se projeter dans le futur et de chercher à contrôler la nature. Le développement de l'homme à travers l'éducation, poursuit il, cherche simplement à renforcer la capacité de l'individu à exécuter des fonctions essentielles. C'est ce qui fait de la langue l'objet et le sujet majeurs de l'éducation »[19]. A chaque étape de l'évolution du monde, l'adaptation linguistique devient une nécessité. S'intensifie alors un ensemble de démarches scientifiques dont la finalité est de doter les éléments linguistiques de tous les moyens techniques capables de les rendre utilisables à tout moment et en toute circonstance. Mais l'étape la plus importante dans cette démarche est la mise en évidence de l'organisation interne de la langue à travers l'élaboration d'études phonétiques, phonologiques et grammaticales par exemple ; ce qui devrait logiquement mener à des recherches

---

[19] Païa Obanya, *op.cit.*, p.25

terminologiques majeures en vue de la mise en place de lexiques et de dictionnaires. Les parlers que l'on considère aujourd'hui comme « langues mondiales » ont suivi ce cheminement scientifique. Un parcours sans fin au cours duquel l'outil linguistique se transforme et s'ajuste. Les centres de terminologie créés dans les pays dits développés sont légion et confèrent toute la modernisation voulue à ces outils de communication couramment utilisés. Donc, pour jouer le rôle qui est le sien, toute langue se doit d'être ainsi polie à tout moment et à chaque étape de l'évolution de l'environnement social, politique et économique d'un pays. Une telle situation ne peut se réaliser, bien sûr, que dans certaines conditions et à la faveur d'une situation linguistique clarifiée par un contexte scientifique satisfaisant et la mise en place de dispositions légales claires, politiquement acceptables et acceptées par tous. Tel est le cas des langues couramment utilisées aujourd'hui dans le monde. Malgré l'avancement scientifique indéniable dont elles jouissent, la recherche continue toujours sur ces langues dites mondiales en vue de leur renforcement, d'où leur vigueur.

Malgré les grandes avancées de l'éducation en général ou de l'alphabétisation en particulier dans des contextes où la question linguistique est aplanie, des problèmes demeurent toujours et des poches d'illettrisme encore présentes. L'on ne devra donc pas s'étonner que les environnements linguistiques multilingues connaissent toutes ces difficultés dans la plupart des régions africaines. Alors se pose la question majeure de savoir dans quelles conditions les programmes d'alphabétisation pourraient se réaliser et les environnements lettrés naître face à un tel faisceau linguistique. Il y a là, objectivement un pari qui parait difficile à tenir. Il va donc falloir décider d'une stratégie pour rendre la situation favorable à l'émergence d'environnements lettrés bien construits et à la réussite des activités d'alphabétisation et d'éducation en général malgré la situation linguistique difficile de l'Afrique, tributaire d'un découpage colonial inique contraire à toute logique scientifique qui a fait de cet ensemble ce qu'il est présentement, à savoir, la création, de toutes pièces, d'entités culturelles hétéroclites aux seules fins de s'octroyer illicitement des pans de cette terre africaine. Une balkanisation dont les séquelles sont très douloureusement ressenties aujourd'hui. Il s'avère donc indispensable de donner une meilleure visibilité à cet environnement linguistique. Et alors devrait commencer par se profiler à l'horizon une véritable promotion du développement. Les solutions pour y parvenir sont nombreuses. Parmi celles-ci, il faut retenir particulièrement celles qui feront des langues des outils fiables, capables de donner à la communication une réelle pertinence. Elles pourront toutes se résumer au sein d'un seul concept, celui du développement ou de la modernisation des langues. Joshua A. Fishman que cite Charles Ferguson (1968 : 29) affirme que « les processus du développement des langues ne sont pas des actions isolées mais impliquent un travail et une recodification continus ». Cette notion fondamentale telle qu'on la perçoit, doit recouvrir une composante essentielle qu'est la description proprement dite ; opération technique qui a pour but d'analyser techniquement et scientifiquement les parlers. Etape importante qui permettra de faire des langues des outils de travail qui devront répondre aux exigences de leur statut respectif, c'est-à-dire à ce qu'elles représentent effectivement sur l'échiquier linguistique national. Il s'agit, en effet, de ce que l'on pourrait appeler modernisation des langues qui peut être « pensée comme le processus pour une langue de devenir l'égale d'autres langues développées comme medium de communication. C'est dans un sens, le processus qui l'amène à rejoindre, dira encore Ferguson, les nombreuses langues mondiales inter compréhensibles reconnues comme des véhicules adaptés aux formes modernes du discours »[20]. Mais au delà de ces exercices, la modernité dans laquelle devront entrer ces outils, exige que soit mis en œuvre un travail majeur de terminologie. Car, parler la langue est une chose mais la rendre conforme aux exigences du moment en est une autre. Face au développement technique et technologique actuel, tout locuteur de quelque

---

[20] Charles Ferguson, Language Development in *Language Problems of Developing Nations*, p. 32, Ed. By A. Fishman et al.

parler que ce soit, doit pouvoir s'approprier les nouvelles connaissances que recèlent ces techniques. Ainsi, nommer tel ou tel concept d'une certaine manière devient une nécessité. Ces démarches préalables, indispensables à une bonne utilisation des langues, feront place, au fur et à mesure de l'avancement des tâches, à une autre problématique, celle du choix, c'est-à-dire, choix de langues au sein de la multiplicité linguistique. Les différentes interrogations qui viennent à l'esprit dans ce cas sont les suivantes : le choix est il nécessaire ? L'alphabétisation peut-elle s'accommoder d'un choix linguistique en vue de sa promotion ? Comment se fera le choix au regard des questions sociales et politiques qu'elle pourrait engendrer ?

La question est de savoir si une société du savoir peut réellement faire corps avec'un multilinguisme débridé et non organisé. Avant toute chose, il serait important d'apporter quelques éclaircissements nécessaires sur la problématique du choix. Question difficile qui a toujours hanté tout technicien du langage et tout acteur de terrain en matière d'utilisation des langues locales dans le système formel ou non formel.

CHAPITRE II

Problématique du choix linguistique

Il paraît juste de se demander pourquoi la question du choix devrait encore être posée ici puisque chacun est en droit de penser que l'évocation de cette notion n'a plus lieu d'être, tant l'implantation des langues de colonisation est massive et paraît définitive. Tout est d'ailleurs fait pour dissuader tous ceux qui auraient quelque velléité de faire ressurgir cette question. Il s'agit là d'une réalité dont on doit tenir effectivement compte dans la mise en œuvre du processus du choix si tant est que l'on tienne réellement à atteindre l'objectif visé. Il est bien établi, dans tous les cas, que les difficultés rencontrées dans ce cadre dans le processus d'éducation sont nombreuses dans l'ensemble des pays en développement ; plus en tout cas que dans les régions dites développées malgré certains obstacles à franchir. L'on est également bien conscient des entraves qui empêchent l'alphabétisation de prendre son envol dans les régions dites pauvres. Les causes sont connues et des solutions toujours proposées. Mais celles qui sont néanmoins le plus souvent occultées, à dessein ou inconsciemment peut-être, touchent à la question du réaménagement de la configuration linguistique des pays. Car y faire allusion signifie qu'il va falloir parler du traitement des langues en présence ; de leurs rapports avec celles qui sont importées. Délicat sujet politique que la plupart des dirigeants des pays ne tiennent guère à aborder au risque de susciter ou de provoquer des séismes politiques peut-être fatals pour leur propre survie politique. Sous tous les cieux, en effet, la recherche de solutions aux problèmes linguistiques a toujours constitué un point d'achoppement avec les populations concernées. Et pourtant, donner à ce problème l'importance requise, c'est-à-dire se pencher sur l'état réel des langues dans un pays, sur leur niveau de développement, représente un réel et grand enjeu politique et social. Rappelons-nous simplement l'histoire du français au début de son développement. Comme l'affirment M. de Certeau et consorts dans leur étude intitulée Une politique de la langue : « la révolution est, affirment ils, d'emblée confrontée au problème linguistique dès lors que, fondant un ordre politique et social nouveau, elle entend susciter l'adhésion populaire. […]. Dès lors une double pédagogie politique s'avère nécessaire : d'une part, expliquer aux habitants de la campagne le sens des lois nouvelles dans une langue connue d'eux […] ; d'autre part élaborer une politique d'instruction publique »[21]. Ainsi, lorsque les langues sont reconnues à leur juste valeur et leur importance attestée, cela constitue déjà un pas vers la recherche de solutions scientifiques à

---

[21] Michel de Certeau et al., *Une politique de la langue*, p. 12, Ed. Gallimard, folio histoire.

certaines difficultés existantes dans le domaine de l'éducation. En dernière analyse, la question essentielle sera de se demander si l'éducation ou l'alphabétisation faite dans l'intégralité ou dans une partie des langues parlées dans un pays est viable et mérite d'être poursuivie. L'on ne dit pas pour l'instant que le choix demeurera la meilleure solution à retenir mais il s'agira, à ce stade de la réflexion, de s'interroger vraiment. C'est cet effort qui ne se fait pas et la volonté d'y arriver tarde à se forger. Lorsqu'elle semble apparaître, des raisons fallacieuses viennent tout de suite l'annihiler. Or, le choix, comme problématique, doit, à tout prix, être au centre des préoccupations étatiques et doit participer aussi de la recherche de solutions pour l'amélioration des situations de pauvreté, de mise en place de véritables contextes de liberté et de démocratie. C'est aussi, bien entendu, l'ultime solution pour l'éradication de l'analphabétisme ou tout au moins de sa régression. Tout doit donc être envisagé à travers la quête de formules nouvelles. Car vouloir éluder la question fondamentale que constitue la mise à discussion du problème linguistique et partant, du choix, renforce encore les difficultés et en éloigne tout autant sa résolution.

Les motivations qui poussent à cette réflexion sont de plusieurs ordres. C'est celle de voir, d'une part, l'éducation bénéficier de meilleures conditions de réussite dans un environnement où tout semble en interdire la promotion, à commencer par la configuration linguistique non adaptée puis le manque de moyens, qu'ils soient financiers ou humains et d'autre part, celle de faire de l'environnement lettré l'axe primordial de l'émergence de la société du savoir. Malgré toutes les tentatives de nombreux Etats pour réduire les taux d'analphabétisme existants, la question linguistique constitue toujours un goulot d'étranglement et un frein dont ils ne se libèrent que difficilement. Cela signifie pour le moins que les bonnes questions ne sont pas toujours posées et les actions salvatrices jamais entreprises pour faire de la communication linguistique un enjeu véritable en travaillant sur ce qui en constitue les vecteurs, à savoir, les langues. Beaucoup de pays, hors d'Afrique, ont, face aux impératifs de développement, réussi à réguler la situation de multilinguisme en posant des actes éminemment politiques en dépit des oppositions qui ont pu exister. En effet, il ne s'agit pas de décisions ou d'une entreprise faciles à mettre en place à cause de ce que représente en soi sociologiquement le langage parlé. Les choix ainsi faits dans ces pays ont permis non seulement de promouvoir l'éducation mais d'entrer aussi dans une ère de développement économique certaine. Prenant le cas de l'Inde, par exemple, où une politique linguistique existe réellement malgré le nombre exponentiel de parlers que compte ce pays, chacun peut constater, au delà des importantes poches de pauvreté que l'on y observe par ailleurs, le grand bond fait dans le domaine des technologies de l'information et de la communication. Beaucoup d'hommes et de femmes de science excellent par ailleurs dans les recherches liées à ce domaine dans ce pays au point d'y créer des pôles d'excellence de renom. Le développement des langues ainsi retenues, conséquence d'un choix bien élaboré, sert de soubassement à tous les progrès constatés et a fait émerger sans conteste, une société du savoir bien réelle. D'autres cas en Asie, témoignent aussi de tout cela car dès que la question linguistique est maîtrisée, l'éducation en sort nécessairement bénéficiaire ainsi que le développement sous toutes ses dimensions. On peut donc oser, au regard de tous ces exemples, affirmer que le choix de langues dans un contexte multilingue n'est pas un mythe et devrait être fortement envisagé dans le cadre de la mise en place des éléments constitutifs d'un environnement lettré et dans le cadre de l'éducation en général et de l'éducation des adultes dans une perspective d'éducation tout au long de la vie.

Les prises de position et les études concernant les langues sont si nombreuses de nos jours en Afrique. La plupart des universités ont mis en place en leur sein des départements chargés de ces questions, que l'on les dénomme départements de linguistique ou départements des sciences du langage. Le fait est là que la nécessité s'est fait sentir de créer de telles structures pour tenter de répondre à l'ensemble des questionnements concernant la problématique des langues même si certains esprits malveillants, encore moulés dans une certaine politique linguistique néocoloniale totalement révolue, continuent de fustiger le bas niveau des études, pourtant approfondies, faites sur les langues africaines. Certaines de ces critiques suscitent, bien entendu, une double analyse. Soit qu'il s'agisse d'une ignorance totale du but poursuivi soit que persiste encore une mauvaise foi caractérisée qui consiste à faire perdurer les disparités existantes au sein des populations. Ces études forcent l'admiration et pour peu que l'on veuille s'en servir, elles devraient apporter inéluctablement des réponses claires et fiables aux nombreuses interrogations existantes. Elles ont seulement besoin d'être prises en compte. Malheureusement, quelle est la réalité des faits aujourd'hui ? Tout cet ensemble de travaux hautement scientifiques passe le plus souvent dans l'oubli, surtout pour des raisons politiques avant tout. Comme le signale Adama Ouane[22]: « La conjonction des facteurs et influences en présence est tellement complexe qu'il n'est pas évident, malgré une idée généralement répandue, que les responsables disposent réellement du pouvoir qu'on leur attribue, d'être en mesure d'intervenir sur les fonctions des langues. Cela ne doit ni minimiser leur

---

[22] Adama Ouane, L'impossible débat sur l'utilisation des LM dans l'enseignement in *Vers une culture multilingue de l'éducation*, p. 95, IUE, Hambourg, 1995.

rôle qui reste important dans la formulation et la conduite des composantes malléables de la politique linguistique. En un mot, cela ne doit justifier ni le statu quo ni la passivité observés et regrettables ». Si cette position reste globalement acceptable, il faut néanmoins atténuer l'importance que l'on voudrait donner à l'action des responsables. En dehors des décisions administratives et politiques qui relèvent de leurs prérogatives, ces derniers n'influent pas sur les fonctions des langues, c'est-à-dire, sur le statut linguistique des langues. Ce travail est une des obligations fondamentales des scientifiques, capables de proposer des solutions compte tenu des résultats obtenus à l'issue de leurs recherches.

Mais au delà de la pertinence du choix, une autre question vient à l'esprit et concerne les destinataires de l'opération. En effet, pour qui se pose le problème, doit-on se demander. A qui est destiné le choix et pourquoi ? Si l'on a quelque peu abordé la question plus haut, il importe d'affirmer ici que l'analphabétisme touche essentiellement, comme on le sait, les couches les plus défavorisées de la société. Toute action menée pour tenter de l'éradiquer passe nécessairement par le truchement des langues locales généralement même lorsque la décision est prise d'utiliser à cette fin une langue étrangère, l'on n'arrive et n'arrivera jamais à faire abstraction des outils locaux. Ce qui justifie l'influence que l'on doit y exercer en tentant de les organiser. Or, les groupes de personnes lettrées ou dites intellectuelles dans ces pays où les taux de scolarisation demeurent souvent bas également, se montrent toujours moins concernées par un tel exercice, puisque moulées dans une culture étrangère, à travers la langue issue de la colonisation. Il est donc clair que la question du choix n'est pas d'un grand intérêt pour ces lettrés quant aux bénéfices qu'ils pourraient en tirer. C'est ce qui justifie de leur part la banalisation de l'introduction des langues dans le système d'éducation de base ou dans l'enseignement tout court. D'où, certainement, le cri de dépit de Ouane: « L'impossible débat sur l'utilisation des langues LM (langues maternelles) dans l'enseignement »[23]. Même si la lutte contre l'analphabétisme n'est appelée à toucher que ceux pour qui l'écriture et la lecture constituent un handicap et quelle que soit l'orientation linguistique retenue par les décideurs pour la mener, la problématique du choix reste un élément majeur qui s'intègre bien dans les domaines politique, social et culturel d'un pays. Donc la vision que certains lettrés ont du problème est erronée et résulte d'une appréciation insuffisante du fait linguistique et de toutes ses composantes. L'on peut affirmer dès lors que la réflexion sur le choix, loin de ne concerner que les couches analphabètes, relève d'un intérêt général et vaut autant pour elles que pour les intellectuels en question. Car la mise en débat de

---

[23] Adama Ouane, *idem*. P. 85.

la problématique du choix reste un exercice nécessaire et indispensable dans tout contexte multilingue. Le contact des langues et l'affinité des parlers locaux avec les langues exogènes là où elles existent l'exigent et constituent des raisons pertinentes pour intervenir. Mais si l'exercice paraît nécessaire sur le plan scientifique et utilitaire, linguistiquement, politiquement et socialement, il y a lieu de se demander ce que recouvre exactement la notion de choix. D'où la question de la conceptualisation.

Choix linguistique : signification

La notion de choix n'est pas nouvelle et reste un point extrêmement délicat tant sur le plan linguistique lui-même que sur les plans politique et social. Lorsqu'il aura été accepté et réalisé, l'économique s'en trouvera aussi touché puisque la réduction de langues, non pas à travers la communication courante entre les populations mais dans l'usage officiel et dans l'enseignement essentiellement, signifierait obligatoirement diminution des coûts pour tout ce qui aura trait à la confection des documents didactiques et pour d'autres opérations. Ce sera dès lors une avancée significative pour le développement des langues dans le pays et par la même occasion, celui de l'environnement du savoir. Mais la simple évocation de la notion de choix dans certaines circonstances et dans des contextes spécifiques ressemble souvent à la transgression d'un tabou ou d'une règle solidement établie. Même les analyses les plus sérieuses sur les langues montrent une hésitation à en parler car à ce niveau, rien ne paraît simple surtout dans le domaine de la mise en place des moyens à mettre en œuvre pour arriver à la résolution correcte de tous les problèmes qui y sont liés. Par exemple, Ouane (1995) se demande si « le terme est approprié » parce que selon sa compréhension, le choix linguistique « suppose des critères définis, une action raisonnée et des possibilités de régulariser les rapports entre les langues et les communautés porteuses de ces langues sur la base de faits et de facteurs objectifs ». Quant à Clifford Fyle que cite Ouane, il affirme que : « Le terme est peu adéquat, car il ne s'agit pas de choisir certaines langues au détriment d'autres, mais plutôt de considérer et de prendre en compte toutes les langues d'un pays donné dans l'élaboration et la mise en œuvre d'une politique d'utilisation des langues pour ce pays ». De telles argumentations ne peuvent être systématiquement rejetées, bien au contraire, puisque les conséquences qui seraient issues des choix opérés pourraient entraîner le risque d'un déséquilibre social, linguistique et même politique. Car toute(s) langue(s) choisie(s) serai(en)t en faveur ou en défaveur d'un ou de plusieurs groupes sociaux nécessairement. Nul ne peut alors prévoir les impacts politiques et sociaux que de telles décisions pourraient engendrer. Pourtant malgré ces analyses, le choix reste un élément utilitaire mais qui, l'on devrait le reconnaître, doit être effectivement manié avec une très grande prudence, on en convient. Ce que recouvre en définitive la notion, c'est la mise en valeur d'une ou de plusieurs langues capables d'aider l'ensemble des groupes sociaux d'un pays à s'insérer activement dans un environnement qui aurait ainsi émergé, à partir du choix, tant pour leur propre évolution que de celle de toute la société. Il y a là une position politique que ne saurait facilement comprendre l'ensemble des locuteurs des différentes langues d'un pays. Cela n'étant pas d'un intérêt fondamental pour eux pour le moment. L'essentiel ou du moins ce qui leur paraît plus évident reste la communication interpersonnelle. Il va donc falloir sensibiliser à cette problématique politique fondamentale pour que cet objectif s'établisse comme un réel besoin.

Le choix, s'il est appelé à se réaliser, doit répondre à un certain nombre de critères ; critères scientifiques avant tout parce qu'il s'agira de mettre au jour le statut et le rôle de chacune des langues présentes à l'intérieur de la configuration linguistique d'un pays. Le degré de développement des parlers sera aussi un important paramètre qui devra déterminer la capacité des langues à véhiculer la connaissance et à donner à la communication une valeur probante. Cette position ne veut pas justifier l'argument qui consiste à minimiser la capacité des langues africaines à véhiculer le savoir. Il s'agit seulement du constat que la majorité des langues du continent doit être enrichie des connaissances modernes comme le sont les langues considérées comme les plus développées aujourd'hui. Procéder ainsi montre déjà, dans tous les cas, qu'il ne s'agira pas de choix aléatoires basés sur des considérations subjectives ou simplement politiques. En effet, laisser la responsabilité du choix aux décideurs politiques uniquement, signifie l'absence des éléments scientifiques et donc la soumission à des lois édictées selon la volonté des dirigeants politiques du moment. C'est bien ce qu'il faut craindre quelquefois car dans certains pays, cette noble idée du choix s'est transformée en une sorte de comédie dans laquelle des langues qui ont fait l'objet de choix sont celles du village d'origine du responsable politique au pouvoir. Il y a là un travers que l'on pourrait qualifier d'ascientifique qui a certainement été à la base de l'argumentation de Ouane qui l'a conduit à douter de la possibilité de mettre en œuvre cette opération et de la capacité des responsables à pouvoir gérer toutes les conséquences de ces choix. Mais, pour que cette opération ait tout son sens, la volonté cachée ou ouverte de censurer des groupes sociaux ou linguistiques devra être évitée et bannie aussi. Ce qui signifie que la non exclusion doit en être la règle cardinale à respecter. La notion voudrait donc dire que malgré la prise en compte de certains parlers par des actes législatifs, tous les groupes sociaux doivent être en mesure de faire de leurs langues des outils de communication et d'acquisition du savoir sans enfreindre les lois qui auraient été mises en place pour en réglementer l'usage. Car exclure des langues, c'est aussi faire abstraction des cultures qui les portent. C'est également, sans le vouloir, interdire le bilinguisme ou le multilinguisme individuel, ce qui est évidemment inacceptable sur un plan social et politique car un tel acte dénué de tout sens de liberté individuelle reste contraire à la notion de démocratie que l'on voudrait pourtant faire prévaloir à travers l'idée de choix. Ce choix est même appelé, et il doit en être ainsi, à devenir le moteur de la conservation et du développement de toutes les langues en contact et des cultures en présence. Il devra aussi, en outre, comme l'ont affirmé les chefs d'Etats et de Gouvernements francophones, lors d'une réunion tenue à Dakar en mai 1989 en parlant de la langue française : « convertir cette coexistence [coexistence entre les langues] en une synergie pour le développement » (cité par Charmes)[24]. Or cela ne pourra se réaliser que lorsque l'on aura véritablement compris le sens de l'opération et fait de la question linguistique une base effective de l'émergence d'une société lettrée. N'ont ils pas suivi le même parcours, ces pays dont les parlers connaissent aujourd'hui un certain

---

[24] ORSTOM 27 (34) Multilinguisme et Développement in *Cahiers des sciences Humaines*, pp. 299303.

développement ? N'y existe t-il pas de langues non choisies qui se manifestent et se développent parallèlement dans une prise en compte exemplaire des cultures qui y sont liées ? S'agissant plus précisément de l'Afrique, pourra-t-on en arriver à un tel résultat si l'on sait que les langues extra-africaines ou coloniales dominent et sont, au travers de la plupart des lois fondamentales qui régissent beaucoup de pays anciennement colonisés, dotées d'un statut supérieur et donc plus noble par rapport à celui des langues locales ? En prenant au hasard une constitution, celle du Bénin notamment, l'on peut y lire à propos des questions linguistiques ce qui suit : « La langue officielle est le français » (art. 1) tandis que « toutes les communautés composant la Nation béninoise jouissent de la liberté d'utiliser leurs langues parlées et écrites et de développer leur propre culture tout en respectant celles des autres. L'Etat doit promouvoir le développement de langues d'intercommunication » selon l'article 11. Déclaration à la fois claire mais en même temps peu explicite sur le statut des langues locales. C'est d'ailleurs ce qui rend la tâche difficile et délicate à la fois parce que les langues étrangères, qui doivent être toujours considérées comme telles, c'est-à-dire pour ce qu'elles sont en réalité dans le contexte des pays colonisés, deviennent, de facto, de véritables boucliers qui empêchent la mise en œuvre d'une réflexion sérieuse sur le rôle des langues locales. En effet, même lorsque la maîtrise de la langue étrangère est très limitée au sein des populations d'un pays, et c'est la situation dans bon nombre de cas, la certitude que ce parler sera le seul à jouer le rôle de trait d'union entre les différents groupes sociaux prédomine parce que suscitée par les autorités politiques elles mêmes. Une telle attitude conforte, bien sûr, l'argument majeur avancé par tous ceux qui restent convaincus de la perte d'énergie, de temps et d'argent qu'entraîne la promotion des langues africaines. C'est pourquoi, leur choix porte volontairement sur l'outil de communication étranger, ce qui facilite grandement les choses selon eux et fait disparaître toute velléité d'introduction des langues locales dans le système éducatif. Mais au delà de cette vue apparemment pragmatique du rôle des langues étrangères, il existe aussi une arrière-pensée politique que l'on dissimule souvent. Car par-delà le problème sociolinguistique, il y en a un autre qui est à la base de nombreux drames insurmontables qui surviennent dans les pays à contexte multilingue, notamment en Afrique. C'est ce que G-L. Hazoumê qualifie d'« idéologie tribaliste» que pourrait engendrer une certaine volonté de choix de langues.

En tout état de cause, la notion de choix ne signifie pas exclusion comme on le disait. Mais c'est le choix d'outils utilitaires capables d'aider à la mise en place d'environnements écrits et à leur renforcement, à la promotion de l'éducation et à l'éradication de l'analphabétisme. Une éradication qui pourrait connaître des résultats qualitatifs assez rapides parce que les langues choisies seraient en nombre restreint par rapport à l'ensemble des parlers en contact. Ce qui exclurait aisément l'argument qu'il serait trop dispendieux de promouvoir toutes les langues. Si l'on doit aller plus loin, on dira que le choix de langues est la réduction du nombre de parlers dans un pays ou dans un environnement linguistique donné pour permettre un meilleur développement de la communication et l'émergence d'un environnement lettré bien organisé appelé à forger la société du savoir. Mais ce choix ne doit pas être arbitraire. L'on y procédera sur la base de réalités scientifiques justes et mesurées afin qu'il ne se transforme en un exercice de mépris de quelques groupes sociaux aux dépens d'autres en dernier ressort. Dans cette optique, peut-on dire alors que tout est si facile pour autant ? La réponse à cette question appelle l'analyse de la position des intéressés eux-mêmes, celle des populations-cibles face à leurs propres langues et à leurs cultures originelles. Prendre un tel paramètre en considération signifie que ces dernières ne doivent pas être exclues de ce débat, étant les premières concernées et les premières destinataires des solutions à envisager.

Les populations et la question du choix

Même si la question du choix paraît pertinente, il y a lieu de savoir si elle l'est pour les populations pour lesquelles l'on a estimé nécessaire une telle opération. Les positions souvent prises par elles face aux questions linguistiques amènent à observer une attitude quelque peu dubitative. En effet, que ce soit en Afrique ou ailleurs dans le monde, tout parler, quel qu'il soit est le signe distinctif qui fonde l'existence d'un groupe social et sa propre reconnaissance. Chaque groupe linguistique ou social considère, en effet, légitimement, son parler comme un patrimoine culturel inaliénable sur lequel toute concession reste impossible. Il s'y reconnaît en tant qu'entité autonome, nonobstant la proximité de cet objet de communication avec une variante linguistique très proche. C'est pour ces différentes raisons que la question linguistique, notamment celle du choix devient, pour tout état, un phénomène politique et social très sensible. Comme tout fait du genre, son aplanissement à travers les problèmes qui y sont liés est, à tout point de vue, délicat pour les gouvernants. A cause aussi de l'aridité du sujet et de la difficulté qu'il y a à en cerner tous les contours, la question du choix reste peu évidente pour les populations. Car par-delà leurs propres parlers, c'est la culture qui est en jeu. En effet, leurs langues sont les signes de ce qu'elles considèrent comme relevant de leur propre mode de vie, de leur raison d'être dans la société et de ce qui les différencie des autres groupes. Ainsi, parce que la langue reste intimement liée au groupe, toute entorse faite à l'existence de cet outil au sein d'une population ou toute tentative de domination d'une autre langue sur la sienne propre signifie pour le groupe une remise en cause de son droit à exister tout simplement. L'on peut donc mesurer, à partir de ces considérations, les difficultés qui se dressent déjà sur le chemin de la résolution de la question du choix.

Lorsque l'idée de procéder à un quelconque choix sera lancée et que la décision sera effectivement prise d'y procéder, un travail de sensibilisation et de persuasion politiques sans faille devra alors être entreprise pour en faire comprendre l'importance et la nécessité aux populations. C'est pourquoi, l'action que l'on est appelé à engager en leur direction risque, en effet, d'être très contraignante parce qu'il s'agira, comme le dit Joseph Poth, de : « la débarrasser de tout ce qui pourrait paraître aux yeux du public comme l'expression de l'intellectualisme, de la sophistication, de l'abstraction »[25]. Mais il faudra obligatoirement le faire pour aider ces mêmes populations à s'intégrer, sans grande difficulté, dans le processus de développement linguistique. En clair, le choix linguistique relève autant d'un processus technique que de la vision politique que

---

[25] Joseph Poth, *L'Aménagement linguistique en contexte éducatif plurilingue*, p. 35, Centre International de Phonétique Appliquée, 1997.

l'on a de sa résolution. Il est donc compréhensible que les populations veuillent rester en dehors de telles considérations tant que la pertinence du travail à entreprendre ne leur paraît pas d'une extrême limpidité. Sensibiliser et convaincre deviendront donc deux pôles à atteindre avant toute mise en œuvre de cet important travail. Lorsque les résultats de ces actions prioritaires auront été atteints, rien n'empêchera dès lors que la pertinence du choix linguistique puisse être bien comprise par l'ensemble des acteurs. Viendront ensuite d'autres mesures importantes qui devront être bien comprises par ceux qui sont sensés donner l'impulsion juridique et scientifique aux parlers. Il s'agit de l'état et de l'ensemble des structures techniques et scientifiques dont les résultats des recherches engagées devront apporter la clarification requise au contexte d'hétérogénéité dans lequel baignent les langues.

Le rôle de l'Etat

A travers toutes les argumentations déjà avancées, le rôle de l'Etat paraît maintenant très clair. Il sera, en effet, éminemment politique pour ce qui est de la mise en œuvre du processus. D'abord, face au multilinguisme dont la prise en main effective appelle, en soi, une réorganisation politique et scientifique de l'environnement linguistique. Toutes choses qui, à terme, vont promouvoir le développement dans son sens le plus large. Bien organisées dans leurs structures et dans leur nature intrinsèque, les langues sont appelées à jouer pleinement ce rôle. D'où la conviction que toute situation multilingue non maîtrisée est dans son essence un contexte linguistique peu propice autant à la promotion de la qualité en éducation qu'à l'émergence des environnements écrits. Mais, dans cette recherche de solutions à la question du choix, la reconnaissance de l'identité et de la culture des différents groupes sociaux doivent entrer en considération. Il ne peut d'ailleurs en être autrement, car il s'agit d'une revendication sociale légitime permanente des populations. L'on ne devra donc pas faire immédiatement fi de ces paramètres parce qu'un minimum de persuasion et de consensus est à établir pour que ne soient pas hypothéqués les résultats ultérieurs. Il ne devra pourtant s'agir là, en tout état de cause, que d'une première étape qu'il faudra nécessairement dépasser en se plaçant, non plus, sur un plan individuel et communautariste mais sur un plan national. Ce qui veut dire que la volonté de recherche de l'unité linguistique nationale restera la plus forte. Mais cela ne peut se réaliser qu'en choisissant pour la communication officielle, au niveau de l'Etat, un nombre réduit de langues. Dans ce cadre, la situation de multilinguisme intégral s'avère en définitive peu adéquate et même non utilitaire. Eu égard à ces constats, on pourra affirmer que le rôle de l'état visera à accompagner la mise en œuvre de la réalisation politique du choix en prenant, en temps opportun, les mesures utiles pour entériner définitivement les résultats des recherches engagées par les chercheurs. Même s'il y a loin de la coupe aux lèvres, des actions, fussent-elles timides, se mènent déjà dans ce sens à maints endroits en Afrique. Au Bénin, par exemple, une déclaration dite « Déclaration de Politique nationale d'Alphabétisation et d'Education des Adultes » a été validée en février 2011 et dont l'orientation fondamentale est basée sur des principes très explicites dont on citera ici quelques éléments :

- L'éducation en tant que droit fondamental ;
- Le droit de tous à l'éducation, à la culture, à l'information, à la libre expression, à la libre utilisation des langues par les communautés (constitution du 11 décembre 1990) ;
- L'alphabétisation et l'éducation des adultes au Bénin comme facteurs de démocratisation et d'exercice des droits du citoyen, pour la réduction sensible de l'analphabétisme […] ;
- L'obligation pour l'Etat d'assurer l'introduction et l'utilisation des langues nationales dans le système éducatif formel, dans les examens et concours et dans l'administration locale, conformément aux décisions administratives […] ;

Un autre exemple qui mérite d'être signalé est celui du Sénégal où, à la suite de d'importantes décisions prises ces dernières années dans le but de favoriser l'alphabétisation fonctionnelle et le développement des modèles alternatifs d'éducation de base par l'utilisation des langues nationales afin que s'améliore le rendement des programmes d'alphabétisation et soit promu un environnement lettré en langues nationales, comme le stipulent différents textes officiels ministériels. A ce titre, quelques langues ont y été choisies pour relever ces défis comme ce fut aussi le cas au Bénin et au Niger où les choix avaient porté sur des langues régionales estimées importantes. Dès l'affirmation de son indépendance politique, le Kenya s'était aussi engagé dans un processus d'éradication de l'analphabétisme en promulguant des textes juridiques successivement en 1964, 1976 et 1988. Selon les décideurs de ce pays, les objectifs de l'éducation des adultes devaient tendre à éradiquer l'analphabétisme à travers l'acquisition des compétences de base telles que la lecture, l'écriture et le calcul ; à soutenir l'alphabétisation par l'éducation continue etc. Ces exemples, certainement parcellaires, montrent à quel point le balisage du multilinguisme reste crucial pour le développement et primordial pour des prises de décision adéquates. Quelle que soit, aujourd'hui, le statut des langues locales dans la plupart des pays africains, tout démontre que la question ne pourra plus être occultée. Les raisons en sont : la croissance exponentielle des taux d'analphabétisme, la nécessité de développer et de renforcer l'éducation de base formelle qui reste un facteur de développement de l'éducation non formelle et réciproquement. Les questions souvent posées pour retarder un tel mouvement touchent à l'hétérogénéité linguistique, à une supposée incapacité des langues africaines à véhiculer le savoir, aux recherches linguistiques considérées comme peu nombreuses ou peu consistantes comme l'on l'a déjà abordé dans les lignes qui précèdent. Elles constituent, selon les tenants de ces thèses, des entraves majeures à la prise en main effective des problèmes linguistiques. Ces critiques doivent faire, en effet, l'objet de réflexion, mais sans pour autant retarder l'action, pour que, non seulement, elles soient démythifiées mais encore pour que la sensibilisation politique des populations par les décideurs repose sur des bases politiquement objectives, scientifiquement claires et soutenues par une réelle bonne foi intellectuelle. Car la superficialité des arguments évoqués pourraient constituer des sources de difficultés qui risqueraient de compromettre les décisions ultérieures. Le choix de langues, en tant qu'opération scientifique, serait alors voué à l'échec. Quant à la sensibilisation, comme le dit Poth[26], elle doit être « soit une sensibilisation par l'intérêt, soit une sensibilisation par l'information, ou une sensibilisation par la participation ». Mais si le rôle de l'Etat est d'avoir une position politique conséquente et sans

---

[26] Joseph Poth, *L'Aménagement linguistique en contexte éducatif plurilingue* (version Afrique), p.29, 1997.

ambigüité, c'est-à-dire de faire valoir sa volonté politique d'agir sur les questions linguistiques comme facteurs de développement, cette action devra être concrète. En un mot, l'Etat doit se résoudre à définir une politique linguistique qui doit lui permettre de tout mettre en œuvre pour gérer l'ensemble des questions subséquentes. Car « une politique linguistique, tel que l'affirme Cerquiglini[27], c'est cette partie d'une politique qui est pensée dans une cohérence qui découle d'une attention spécifique accordée par la puissance publique aux faits de langues ». Il va encore plus loin dans cette définition en ajoutant que « la langue est un bien commun aux citoyens et c'est un bien considéré comme essentiel à la vie sociale et politique : c'est ce qui fonde le rôle de l'Etat et son devoir d'intervenir sur les faits de langue ». Cette intervention de haut niveau n'est et ne doit pas être abstraite. Elle reposera sur une action précise qui est l'élaboration d'un cadre juridique clair. Cadre qui sera : « un ensemble de lois et de réglementations qui définissent la nouvelle politique linguistique et lui assurent l'indispensable caution institutionnelle et légale »[28]. Toutes ces actions ont été engagées et expérimentées par de nombreux pays dans le monde, en particulier ceux dont les langues connaissent un

---

[27] Marc-Laurent Hazoumê, *Politique linguistique et développement, cas du Bénin*, p. 47, Ed. Les Flamboyants, Bénin, 1993.
[28] Joseph Poth, *op. cit.*, p. 59.

développement effectif de nos jours. Pourquoi l'Afrique doit-elle alors continuer de se singulariser à travers l'absence de décisions alors que ces questions touchent à son existence même, au développement culturel, social et économique en l'occurrence ? Ses décideurs politiques qui déploient déjà tous les efforts pour promouvoir l'éducation de base formelle doivent en faire de même pour ce qui a trait à la promotion des véhicules du savoir que sont les langues locales ou nationales. Les bases de ce développement devant être, bien sûr, scientifiques aussi. C'est alors, à ce stade que l'intervention des chercheurs devra continuer d'être déterminante. Car ils représentent « les gardiens du temple », capables de dire exactement ce qui peut être pris en compte et évalué. C'est à la suite d'un tel travail que les politiques, dans le rôle qui est le leur, pourraient prendre l'ensemble des décisions qui s'imposent.

Le rôle des structures de recherche

Un des arguments majeurs avancés par tous ceux qui sont chargés d'édicter des lois dans la perspective de l'utilisation des langues africaines dans le système éducatif est, outre la question de l'hétérogénéité linguistique, l'inexistence de recherches substantielles sur les langues africaines. Question récurrente mais que l'on est toujours tenu de rappeler pour tenter d'agir. La persistance d'une telle argumentation montre, pourrait-on dire, le refus d'une frange de la société de vouloir reconnaître l'existant ; le refus de s'apercevoir de la valeur des nombreuses recherches linguistiques qui ont été réalisées depuis des décennies et qui se réalisent toujours en Afrique sur les langues africaines. A titre d'exemple, la Société de Linguistique de l'Afrique de l'Ouest (SLAO), société scientifique qui regroupe l'ensemble des linguistes africains et même non africains, a tenu sa première réunion en 1961. A des périodes précises, les linguistes se retrouvent pour débattre de questions scientifiques spécifiques relatives aux langues africaines. Toutes les conférences et congrès sont ainsi appelés à nourrir les cours de linguistique dispensés dans les universités et à créer, de façon concomitante, les bases d'un développement harmonieux des langues africaines. Par ailleurs, l'existence de revues scientifiques atteste de la vitalité et de la volonté de modernisation des langues. Des séries de monographies publiées localement sur les parlers d'Afrique de l'Ouest et dans des revues de renommée internationale sont également une preuve visible de cette vitalité. Toutes ces réalités viennent ainsi battre en brèche la fausse conviction d'une inexistence de travaux scientifiques en linguistique en dehors des pays développés. De plus, cette sous-région ouest-africaine n'est pas la seule au sein de laquelle la science linguistique se développe. L'Afrique australe n'est pas non plus absente de telles initiatives. On peut signaler, à titre d'exemple, l'existence d'une association des universités de la

Communauté des Etats de l'Afrique australe (SADC) dont la revue « Journal of the linguistics Association for Southern development Community Universities (LASU) » s'est fondamentalement orientée dans la même direction que l'association ouest-africaine. Des études déjà réalisées vont des essais phonologiques aux analyses phonétiques et grammaticales sur un grand nombre de langues parlées dans la sous-région. Voilà, tel qu'il se présente, l'environnement scientifique qui n'a jamais cessé de se développer dans l'ensemble des sous-régions africaines pour ce qui a trait aux langues. Comment, face à un tel mouvement, peut-on faire fi des grands progrès accomplis dans la recherche linguistique sur le continent ? Résultats qui, heureusement, ne se font aucun écho approbatif de la prétendue pauvreté de la recherche dans le domaine linguistique. Les grandes langues transfrontalières parmi lesquelles l'on citera le swahili, le hawsa, le fulfuldé à titre d'exemple disposent de documents très fiables dus à l'importance des universités dans lesquelles s'accomplissent les recherches. Tout cela est suffisant pour mettre en valeur les efforts faits par l'ensemble des linguistes disséminés à travers le continent. Certes, des lacunes et beaucoup d'efforts sont encore à déployer pour mettre les langues africaines au diapason de celles introduites en Afrique du fait de la colonisation. Certes aussi, des domaines d'étude restent à explorer pour rendre les langues africaines plus faciles d'utilisation sur le plan officiel et dans la vie quotidienne des populations. Des études comparatives et même historiques devront être de plus en plus nombreuses en vue d'une meilleure gestion du multilinguisme lui même. De grands pas doivent être franchis dans le domaine délicat de la terminologie pour faire des langues locales des outils modernes de communication. Faire un tel constat ne signifie pas non plus que l'on doive attendre une supposée fin des recherches pour mettre à profit les résultats déjà acquis. Malgré l'avancée extraordinaire des recherches, les études scientifiques sur les langues extra-africaines qui pourtant font référence sur l'échiquier international continuent de se réaliser. C'est la preuve que la recherche scientifique n'a pas de limite et se développe toujours dans le temps. Donc, ne pas vouloir maintenant se donner les moyens d'amener les langues africaines au stade de la modernité à travers les recherches relève d'un manque réel de volonté politique face aux exigences du développement. Il revient alors aux chercheurs eux-mêmes d'indiquer aux décideurs la marche à suivre et les étapes à respecter dans cette valorisation des outils de communication africains. De même, la qualité exigée tant dans le non formel que dans le sous-secteur formel de base ne pourra intervenir que lorsque l'on aura compris que l'utilisation des langues locales doit sortir du domaine de l'empirisme pour devenir des outils scientifiquement organisés en leur sein et utilisables, même au stade de leur développement actuel. Il s'agira, en un mot, de dépasser la situation présente pour passer à un autre niveau qui est celui du renforcement de l'écrit. Les études réalisées jusqu'à ce jour, et elles sont nombreuses, le permettront aisément. C'est ainsi seulement que, lié à bien d'autres facteurs, l'environnement lettré de qualité tant prôné peut être créé. De la même manière, comment pourrait-on entrevoir l'émergence du non formel en vue d'une certaine osmose ou tout simplement en vue d'une articulation productive avec le formel si cette étape de transformation scientifique n'est pas envisagée? L'on est légitimement en droit de penser maintenant, au regard du bilan qui vient d'être fait de ces deux sous-secteurs, que l'environnement linguistique est assez dépouillé en Afrique pour permettre une meilleure compréhension de la situation multilingue et de son implication dans la vie sociale et culturelle des pays. Les atlas linguistiques existants et au delà, les classifications linguistiques dans toutes les sous-régions africaines seront d'un grand apport pour la facilitation de cette compréhension et de l'action à mener. Les études du CNRS (Centre National de la Recherche Scientifique en France) notamment dans: «Les langues dans le monde ancien et moderne» (1981) donnent également un aperçu général des groupes linguistiques en présence en Afrique ; ce qui contribue aussi à contredire cette acception rétrograde consistant à faire croire à une vacuité de l'Afrique sur le plan de l'existence de documents scientifiques sur les langues. L'on doit de même se souvenir que les atlas de l'Afrique de l'Ouest et de l'Afrique centrale établis dans les années 80 et financés par l'Agence de Coopération Culturelle et Technique (ACCT) aujourd'hui Organisation Internationale de la Francophonie (OIF) ont été complétés par d'importants travaux de descriptions linguistiques. Eu égard à tout ce qui précède, il va sans dire que le rôle des chercheurs linguistes consistera à montrer d'abord l'existant et à poursuivre inlassablement le développement des domaines inexplorés et nécessaires à la valorisation des langues. De cette manière, se créeront, indubitablement, à travers les résultats obtenus, les bases objectives du choix parce que l'on aura mis en lumière, pour les lever, les entraves à la démarche scientifique devant y aboutir. Envisager les études phonologiques, phonétiques, contrastives, diachroniques, dialectologiques et terminologiques etc. est la voie nécessaire qui devra conduire vers la détermination du statut des parlers en présence. Toutes choses qui élucideront les nombreux problèmes liés à la problématique de la modernisation des langues. Mais au delà de toutes les investigations que peuvent entreprendre les chercheurs, leur rôle consistera à rendre acceptable et compréhensible, pour les décideurs, la notion de politique linguistique en s'attelant à la mise en œuvre de la planification et de l'aménagement linguistiques qui faciliteront l'ensemble des travaux qui seront menés ultérieurement. Notions dont la portée n'est pas souvent comprise et dont il faudra en expliciter le sens à tout prix. Dire que la langue étrangère ou une quelconque langue deviendrait la langue officielle au détriment d'autres existant dans une sphère linguistique identique ne signifie pas toujours que la décision ait été le fruit d'une certaine réflexion scientifique. C'est pour cette raison qu'il importe que la problématique des relations entre l'ensemble des langues, langues locales et langues étrangères et langues locales entre elles soit ouvertement et sérieusement posée sans arrière-pensée dominatrice ou hégémonique.

La planification linguistique doit mener vers la détermination du statut des langues, de leur rôle sur l'échiquier linguistique et au sein de la société. Lorsque l'objectif de cette première démarche aura été atteint, l'étape suivante sera celle de l'aménagement au cours duquel les chercheurs devront donner corps à toutes les recherches définies plus haut, à savoir, la normalisation au sein de laquelle doivent se résoudre toutes les questions liées à l'harmonisation des alphabets et à l'enrichissement des langues ou à leur modernisation. Il faut dire que nombre de chercheurs associent étroitement aujourd'hui ces deux notions. Ce qui ne change en rien les objectifs et les résultats attendus. Au-delà de ces réflexions scientifiques dont l'aboutissement sera soit le choix soit l'enseignement dans ou par les langues, le chercheur devra faire face à nouveau à un autre questionnement. D'apparence compliqué, le volet en question trouvera son issue dans les solutions précédemment envisagées. Il s'agit, non plus du statut des langues mais de ce que l'on choisira délibérément d'appeler le « statut du choix ». A ce niveau, la question sera de savoir s'il devra être local ou national ou les deux à la fois. En effet, parmi les arguments évoqués qui militent fréquemment contre le choix linguistique dans un contexte multilingue, il y a, d'abord, la non acceptation de ladite situation. Vient ensuite la volonté cachée, car cela pourrait arriver, de domination d'une langue sur toutes les autres. Une telle situation pourrait être qualifiée d' « unicité » dans le choix, ce qui pose à nouveau et à juste titre, peut-on le concéder, la question fondamentale de la prise en compte des cultures liées aux langues non choisies. L'on a enfin ce qui peut être qualifié de « pluralité linguistique » dans le choix qui exigerait, selon ceux qui évoquent cette raison pour en rejeter l'idée, un surcroît de dépenses que le nombre pléthorique de langues occasionnerait lorsque les gouvernants voudraient faire face à leur valorisation. Dans un cas comme dans l'autre, on ne saurait accepter les raisons ainsi évoquées, car la réussite de l'opération n'est qu'une question de sensibilisation politique bien menée des populations concernées et de tous les acteurs. C'est aussi une question de définition juste et pertinente du statut et du rôle des langues en contact. Ici également devra intervenir le volet de la compréhension des objectifs du choix et de la valeur des études qui auront été faites sur les différents parlers. Mais afin d'éviter tout malentendu nuisible à un aboutissement qualitatif de la démarche vers le choix, la décision à prendre devra aussi tenir compte de quelques paramètres importants que sont la culture et la notion de développement. Dans cette optique, l'on pourrait suggérer quelques propositions. A travers le choix local, on prendrait en considération l'importance des parlers dans chaque localité en procédant à une réduction des langues en présence. Mais il faut souligner que la notion d'importance ne repose pas toujours sur le nombre de locuteurs qui usent d'un parler même si elle y est liée. Elle pourrait aussi provenir de son degré d'influence et pourquoi pas, de son niveau de développement quant aux études qui y sont faites. Qu'elle soit aisée ou non, la réalisation de cette opération n'est pas nouvelle en matière de choix linguistique et reflète le chemin scientifiquement normal que pourrait suivre toute langue pour s'imposer. Une telle solution comporterait en soi plusieurs aspects positifs dont l'émergence de langues régionales qui pourraient être dites « langues du milieu » car leur introduction dans le sous-secteur éducatif au niveau local comme vecteurs du savoir serait, à plus d'un titre, bénéfique pour les apprenants de telle ou telle localité, qu'ils soient parents ou enfants, adultes ou jeunes. Certaines expériences originales menées ici et là aujourd'hui en Afrique, notamment au Burkina Faso à travers l'expérience dénommée « Education bilingue » suivent précisément cette démarche. L'autre bénéfice que l'on pourrait en tirer est la promotion de l'environnement lettré local qui, dans un contexte peu chargé en nombre de parlers, connaîtra, dans sa conception, un développement qualitatif, plus qu'il ne le serait dans une hétérogénéité linguistique non organisée qui caractérise le multilinguisme que l'on qualifierait de brut. Ce qui induit une diminution substantielle des coûts de production des documents didactiques et de tout ce qui pourrait concourir à l'émergence de cet environnement. Dans une seconde étape, le processus de choix sera engagé sur un plan national ou central. Le nombre de langues choisies y sera très restreint et deviendrait, avec les parlers exogènes, les langues officielles nationales. L'on comprendra dès lors qu'il ne s'agira ici que de la présence d'un ou de deux parlers locaux pour éviter de reproduire à cette étape supranationale la même configuration multilingue existante. Tout en faisant ainsi émerger les langues considérées comme officielles, cette seconde démarche devra faire des langues choisies sur le plan local de vrais parlers partenaires ; ce qui viendrait alors conforter leur statut de langues régionales. Si le scénario ainsi présenté n'entraînait toute l'adhésion requise pour des raisons diverses, le choix deviendrait un choix local purement et simplement qui exclurait systématiquement les langues nationales officielles tel que l'on a déjà eu à le montrer. Cela voudra dire alors que le statut de la langue étrangère demeurerait inchangé et représenterait de la sorte la seule langue officielle. Voilà donc le choix tel qu'envisagé avec toutes les procédures de mise en œuvre. Il y a lieu à présent de se demander en quoi pourrait-il donner au développement l'impulsion nécessaire attendue.

Choix linguistique et développement

La recherche du lien existant entre choix linguistique et développement fait apparaître, en fait, deux questions. Comment, d'une part, les langues, à travers le choix linguistique pourraient-elles devenir de véritables bases pour la promotion de sociétés du savoir et de quelle manière ces sociétés seraient aussi pour l'émergence en général de puissants leviers d'autre part ? Telles sont les interrogations que suscite toute cette problématique. La notion de développement, comme on le constate, repose sur des réalités concrètes et tangibles. En effet, l'avancement des pays développés par rapport à ceux qui le sont moins, l'est, a travers la somme d'un grand nombre de paramètres existants et d'actes positifs posés, fruit d'une volonté politique affirmée. Parmi ces actes se retrouve la victoire remportée sur l'illettrisme et l'instruction acquise qui fait de l'ensemble des populations des pays concernés des corps actifs capables de participer à tous les changements qualitatifs successifs qui les touchent directement. Si l'oral peut être transcrit et lu par la quasi-totalité de ces groupes sociaux ; si la pensée peut être transmise à travers l'écrit et comprise ; si la science et les techniques diverses peuvent être maîtrisées parce que l'écrit est promu, ce serait enfoncer une porte ouverte que d'affirmer que l'environnement lettré ainsi créé par l'appropriation de cet outil qu'est la graphie a constitué la base objective de la société du savoir et donc du développement des sociétés en question. Ce sont là, en effet, des preuves incontestables que la langue et ce qui la fixe, à savoir, l'écriture, sont déterminants dans la mise en œuvre de tous les mécanismes devant aboutir à la société du savoir puis au développement. Mais on pourrait objecter, et c'est compréhensible, que les pays en question ne sont pas dans un contexte linguistique pareil à celui d'un grand nombre de pays africains, c'est-à-dire dans un environnement multilingue, d'où leur réussite. Ils ne sont pas non plus confrontés à toutes les difficultés générées par une telle configuration linguistique. Ce qui leur rend certainement la situation beaucoup plus facile à gérer. Mais l'on doit tout autant rétorquer que le contexte linguistique n'a pas toujours été ainsi par le passé. Il a fallu une détermination politique marquée par des lois et des directives contraignantes quelquefois pour faire prévaloir tel ou tel parler. Toutes les langues aujourd'hui considérées, à juste titre, comme développées ont connu ces étapes. La situation actuelle des langues africaines n'est donc pas inédite comparée à la longue histoire des langues du monde. L'essentiel est de se donner à présent les moyens politiques, scientifiques et financiers nécessaires pour résoudre l'ensemble des problèmes auxquels elles sont confrontées. Ainsi, parce que l'environnement lettré existe et que l'on peut s'informer et avoir les moyens de comprendre l'environnement en question ou de s'approprier le savoir, on peut dire que ce sont bien là les véritables raisons et le secret des avancées constatées dans les régions dites développées. Il n'y a donc pas de miracle en soi. S'agissant des langues africaines, il faut rappeler que la colonisation s'est installée dans les pays qui l'ont subie, avec l'introduction dans leur patrimoine linguistique, de nouveaux parlers qui se sont imposés à tous peuples ainsi soumis. La mission prétendument civilisatrice des colonisateurs ne pouvait, de toutes les façons, se faire sans cette importante donnée. L'école, l'administration et tout l'environnement écrit en sont aujourd'hui totalement imprégnés. Mais, faute de pouvoir absorber la majorité des citoyens, l'école, a, de son côté, malheureusement abandonné sur la route des franges importantes de populations qui représentent l'ensemble des personnes privées de la lecture et de l'écriture et dont les taux restent très élevés dans bon nombre de pays. Dans l'incapacité d'exercer, par voie de conséquence , toutes les compétences par le biais des nouveaux outils de communication ainsi introduits, ces personnes vivent dans une véritable marginalisation et restent en dehors de tout mouvement de développement véritable malgré la capacité d'un grand nombre d'adultes à créer la richesse dans leurs différents secteurs d'activités parce que paysans, artisans etc. Mais malheureusement, nonobstant cette avancée virtuelle, il s'agit d'aller plus loin en sortant d'un empirisme qui les caractérise pour entrer dans la modernité, c'est-à-dire, être à même de déchiffrer son environnement et de le comprendre grâce à la maîtrise effective de tous ces outils. Or, cela ne saurait se réaliser qu'à travers une éducation appropriée et soutenue. Car, en considérant les nombreux échecs enregistrés dans maints contextes, la difficulté qu'il y a à faire acquérir à l'adulte la maîtrise des langues étrangères dans leur forme parlée et écrite est évidente. Seule la formation envisagée à travers l'utilisation des outils de communication locaux aboutissent réellement à des résultats satisfaisants. Ce constat montre qu'il s'avère urgent et nécessaire que la planification et l'aménagement linguistiques entrent dans une phase concrète et soient conduits avec une grande rigueur dans la prise en considération effective de toutes les langues y compris celles issues de la colonisation. Il serait ainsi évité une situation conflictuelle qui n'est pas toujours évidente mais qui malheureusement est bien présente surtout lorsque certaines langues sont déjà moulées dans une transformation et une modernisation qui se sont effectuées depuis des siècles comme le sont les langues européennes introduites dans le contexte linguistique africain. La planification et toutes les opérations tendant à la modernisation des parlers africains doivent, pour être pertinentes et efficientes, amener les linguistes à continuer de les prendre en charge scientifiquement pour mettre les langues locales africaines au niveau des parlers étrangers afin qu'ils puissent faire corps avec ces derniers dans le système éducatif et au sein de la société tout entière. L'appartenance des langues étrangères à cet environnement africain signifie aussi leur implication étroite dans les cultures locales, ce qui vient appuyer l'argument qu'elles ne peuvent être oubliées dans toute recherche de solutions aux problèmes posés par le multilinguisme en Afrique. Toute action contraire risquerait d'entraîner des difficultés supplémentaires qui iraient à l'encontre du but recherché. Mais le faire exclut au contraire la consécration de la suprématie étouffante d'une langue sur d'autres notamment des parlers étrangers sur les langues locales en contact.

Quant à l'école, elle deviendrait le centre de développement autant des langues étrangères que des langues locales sur lesquelles le dévolu aurait été jeté au niveau du choix. De cette conjonction d'actions devraient alors émerger des environnements lettrés très riches en soi étant donné la pluralité linguistique diversifiée qui les caractériserait. L'ensemble des personnes alphabétisées pourrait dès lors avoir accès, non seulement à leurs propres parlers et aux autres langues locales mais, dans une seconde étape, à la langue non africaine. Le développement des langues africaines ne signifie donc pas rejet des langues extra-africaines. Tant s'en faut. Mais ce qui reste important, c'est la promotion d'un multilinguisme actif au niveau de toutes les couches sociales. C'est là l'objectif final à atteindre à tout prix. De plus, réorganiser de cette manière l'échiquier linguistique, c'est non seulement la voie ouverte vers un véritable renforcement des liens entre le formel et le non formel, mais c'est surtout, à terme, la promotion des programmes d'éducation des jeunes et des adultes dans une perspective d'éducation tout au long de la vie. Elle s'inscrit, en effet, tel que l'affirme Jacques Delors comme : « Une construction continue de la personne humaine, de son savoir et de ses aptitudes, mais aussi de sa faculté de jugement et d'action [qui] doit lui permettre de prendre conscience d'elle-même et de son environnement et de jouer son rôle social dans le monde du travail et de la cité »[29]. L'utilisation des langues étrangères doit donc rester

---

[29] Jacques Delors, *L'Education, un trésor est caché dedans*, p. 111, Rapport de Commission internationale sur l'éducation pour le vingt et unième siècle, présidé par Jacques Delors, Ed. Odile Jacob, 1991.

avec celle des langues locales le fondement de l'émergence des sociétés du savoir en Afrique pour une meilleure prise en charge du développement global. Comme l'affirme encore Jacques Charmes (1991 : 29) : « Ce n'est pas seulement dans les domaines de l'éducation, de la culture, de la communication et de l'information que la gestion du multilinguisme a des incidences évidentes, mais aussi dans des domaines sinon ignorés, du moins considérés comme non directement concernés : la vulgarisation et le développement agricoles, la formation, les transferts de technologie, l'économie formelle et informelle, la santé »[30]. Il s'agit là de tout ce qui a trait aux activités humaines susceptibles de donner un sens aux situations linguistiques des pays. Les langues locales doivent recouvrer leur place et jouer le rôle qui est le leur. En somme, elles doivent être revalorisées dans une cohabitation nécessaire et égalitaire avec les langues étrangères si l'on veut en faire des outils de développement.

Le développement, c'est également la promotion de la vie sociale et politique. Or vie politique signifie clairement promotion de la vie citoyenne. L'Afrique se caractérise, en effet, aujourd'hui par ce que l'on veut bien qualifier de démocratie. Elle est quotidiennement vécue et diversement pratiquée par une minorité intellectuelle et une majorité analphabète. Une telle situation ne concourt guère à

---

[30] Jacques Charmes, *op. cit.*, p.29

son évolution et les faiblesses trop souvent constatées ici et là dans sa mise en œuvre indiquent aisément que l'analphabétisme ou l'illettrisme en est la cause. Car, comment serait-il possible de vouloir s'interroger sur des questions fondamentales de société et de les comprendre si le code de transmission utilisé est absent des habiletés personnelles acquises ? Comment peut-on, dès lors, dans une telle déficience, participer, dans des conditions optimales, à une vie de citoyenneté active, garante, à plus d'un titre, de la promotion du développement et de ce que l'on est convenu d'appeler aujourd'hui la bonne gouvernance. Tout se tient donc et le développement risque de se transformer en concept vide de sens si la situation demeure en l'état, c'est-à-dire, si les bonnes décisions ne sont pas prises pour dépasser les idées reçues sur la question du multilinguisme africain, sur la capacité des langues africaines à véhiculer le savoir, sur la question de l'analphabétisme et de l'éducation des adultes et enfin sur la recherche linguistique. Si le lien entre langue et développement paraît peu visible à première vue, il va sans dire que, fondement essentiel d'une société du savoir, la langue devient le socle du développement lorsqu'elle est bien organisée. Outre la maîtrise de la lecture et de l'écriture à travers une formation permanente soutenue, le développement signifie aussi la nécessité impérative de s'insérer dans la nouvelle donne économique et politique du moment : la mondialisation. L'acquisition de nouvelles compétences par le savoir doit donc devenir le gage de la bonne compréhension que l'on doit en avoir. Est-il, en effet possible aujourd'hui, pour la plupart des pays les moins développés, notamment africains, de pouvoir s'intégrer véritablement dans ladite mondialisation avec des taux d'alphabétisation qui ne dépassent guère les trente pour cent (30%) à maints endroits ? Les exemples sont légion qui montrent les conséquences néfastes d'un tel handicap. Le rétablissement d'une situation d'équité, contrairement au déséquilibre actuel, ne verra le jour dans ce cas que lorsque l'éradication de l'analphabétisme, ou globalement lorsque la formation et l'instruction des populations vont être véritablement intensifiées. Les responsables africains eux-mêmes l'avaient tant et si bien compris qu'ils n'avaient pas hésité à souligner fortement au cours des « Assises de l'Afrique » en 1995 au siège de l'UNESCO à Paris que : « Avec la globalisation des marchés et le renforcement croissant des blocs régionaux, le monde va entrer dans une situation d'exacerbation de la compétition commerciale, financière et culturelle et, dans une rivalité scientifique et technologique d'une ampleur jusque-là inconnue». Et pour cela : « avec des hommes compétents et sérieux, des capitaux et des savoirs-faire, [l'Afrique] peut se hisser très rapidement au niveau des autres parties du monde, comme l'Amérique latine et l'Asie sont en train de le faire ». Face à ce qui se pose aujourd'hui comme une évidence, l'on ne saurait alors s'empêcher de dire, à l'instar de la Banque Mondiale (2002) que : « la connaissance et l'éducation sont les clés de la compétitivité et de la croissance ». Alors quels rapports devraient exister entre mondialisation et langues ?

CHAPITRE III

La Mondialisation et les langues en Afrique

Pendant que de grandes franges de populations dans le monde sombrent dans un appauvrissement continu et dévastateur auquel s'ajoute une démocratie chancelante sur le continent africain, la mondialisation continue d'exercer son influence sur l'ensemble des activités humaines dont l'une des plus importantes est la question linguistique en général. En effet, les grandes langues dominent aujourd'hui dans tous les domaines. Ne parait-il pas alors incongru ou même provocateur d'évoquer ces questions que sont la culture nationale, l'alphabétisation des adultes et plus spécifiquement les rapports entre mondialisation et média linguistiques africains? Car, en parler, signifierait pour certains grands théoriciens de la mondialisation, abandonner l'essentiel, c'est-à-dire, l'économie et toutes les interrogations y afférentes pour s'attacher à la résolution de problèmes de sous-secteurs dont la futilité devrait être pourtant évidente pour tout le monde aujourd'hui. Malgré cela, et c'est là la conviction que l'on en a, face aux nombreuses conséquences engendrées par le manque d'accès d'un nombre de plus en plus élevé d'hommes et de femmes à l'éducation dans le monde, la réflexion sur l'implication de ces domaines dans cette nouvelle donne économique et politique à laquelle toute l'humanité est maintenant confrontée, devient un exercice nécessaire et obligatoire à plus d'un titre. Examiner avec sérieux la question de l'alphabétisation, de la culture et des langues, particulièrement au regard de la mondialisation, est un impératif pour tous les pays et pour tous les démocrates. Mais puisque c'est de l'Afrique qu'il s'agit ici, la question sera de savoir pourquoi l'on devrait accorder une telle importance à cette question puisque du constat que l'on peut faire de l'existant, les langues issues de la colonisation sont là, présentes depuis des décennies sur le continent africain et se sont, par la force des choses, imposées dans la plupart des cas comme les seules langues officielles. L'ouverture dont jouissent encore les parlers locaux est très étroite car leur présence n'est visible que dans les activités liées à l'alphabétisation uniquement et encore ! Si la mondialisation, de manière très simple, est bien cette volonté des nations d'organiser et de faciliter les échanges et les relations commerciales sur le plan mondial, il y a lieu de s'interroger aussi sur le degré de participation des couches sociales africaines à majorité analphabète dans pareille organisation, c'est-à-dire sur leur capacité à influencer les décisions prises en leur nom par une minorité intellectuelle au sein de ce qui constitue le bras régulateur de cette mondialisation : l'Organisation Mondiale du Commerce (OMC). Mais peut-on dire, honnêtement, que cette possibilité existe vraiment aujourd'hui pour les populations, eu égard aux constats que l'on ne cesse de faire dans l'environnement économique mondial ? Peut-on vraiment affirmer que ces couches sociales, pour une grande partie d'entre elles, soient réellement au fait des techniques mises en place et aient aussi, d'une manière ou d'une autre, la capacité de peser sur les décisions en matière de régulation des modes d'échanges ? Si des actions néfastes peuvent être exercées sur cette majorité non instruite de producteurs, sans difficulté majeure, c'est parce que les populations concernées ne sont pas aptes à aller à l'encontre des règles édictées sur le plan mondial parce que non munies de capacités intellectuelles et techniques nécessaires pour en comprendre les rouages. Mais de telles situations d'inégalité ne sont pas les seules que peuvent subir, à l'heure de cette nouvelle donne économique, les pays les plus faibles et les populations les plus démunies. Dans le cas des produits agricoles, par exemple, combien d'organisations, notamment paysannes, se battent effectivement en Afrique pour rejeter l'introduction inique sur le continent des produits à base d'organismes génétiquement modifiés (OGM) ; pour s'opposer au transport dangereux de produits toxiques, tel l'uranium, à travers des villages africains avec la complicité d'autorités politiques véreuses? Bien au contraire, à coups d'arguments fallacieux, et au moyen d'une corruption bien organisée, on les fait accepter dans les pays pauvres au nom d'un prétendu bien-être de leurs populations parce qu'elles sont pour le moment incapables d'en saisir les tenants et les aboutissements. « La mondialisation néolibérale qui prétend être l'exception d'un nouvel intérêt général bien compris de l'humanité, n'est en fait que le résultat des rapports de forces les plus brutaux » affirme André Bellon[31]. En définitive, malgré que la mondialisation se veut aujourd'hui l'outil par lequel les échanges peuvent être mis sous contrôle, il n'en est pas moins vrai que les pays faiblement équipés continuent de rester à la traîne d'une telle organisation des marchés. Les raisons de cette impuissance sont multiples. Celle qui paraît la plus fondamentale est, sans conteste, le manque de dispositions fonctionnelles et intellectuelles à en appréhender les rouages. Déficience qui est notamment caractérisée et favorisée par une situation massive d'illettrisme ou d'analphabétisme et au-delà, par une communication mal maîtrisée aussi. Car parler de mondialisation et du rôle que doit y jouer l'Afrique ne peut se faire sans aller réellement au cœur du débat, sans aborder en fait, la problématique des langues en Afrique et du rôle qu'elles doivent y jouer, sachant que peu de langues, « servent aujourd'hui dans les échanges internationaux » selon encore A. Bellon. Parmi elles, la langue dominante

---

[31] André Bellon, Dieu créa la mondialisation, pp 36-38 in *Monde diplomatique*, n°11694, 2004..

reste bien sûr l'anglais. Selon Global Internet Statistics (2004), environ 508 millions de personnes utilisent cette langue contre 77 millions pour le français, 100 millions pour l'allemand, 350 millions pour l'espagnol et 300 millions pour l'arabe. En dehors de cette dernière dont l'utilisation est très faible en Afrique subsaharienne, les langues locales africaines sont dramatiquement absentes de l'échiquier international.

La question qui se pose dès lors ici est de savoir comment la réhabilitation et la revalorisation des langues locales africaines pourraient se faire dans pareilles conditions. Les seuls parlers que peuvent utiliser la majorité des Africains sur le plan international et au niveau des échanges sont, bien entendu, les langues étrangères issues de la colonisation et devenues langues officielles des Etats. Plusieurs conséquences sont liées à ce phénomène. C'est d'abord le désintérêt total des populations pour l'ensemble des débats sur les questions importantes touchant à la mondialisation. D'où leur manque d'implication réelle dans tout ce qui peut contribuer à infléchir les velléités dominatrices des pays les plus riches en ce qui a trait aux échanges par exemple. Cela signifie aussi l'absence de la presque totalité des paysans producteurs africains des nombreuses luttes et manifestations qui se mènent de par le monde, et en leur nom, dans la plupart des cas. Les élites deviennent les seules interlocutrices et les seules intermédiaires, faute d'existence de groupes de paysans éclairés et organisés. « Le jour où les populations africaines, en l'occurrence, les jeunes (en raison de leur poids démographique et politique) et les femmes (qui colmatent les brèches ouvertes par le système) en sauront davantage sur la nature, les rouages et les enjeux de la mondialisation libérale, elles se ressaisiront et organiseront la résistance sous des formes autres que la violence armée ou l'exil » comme l'affirme Aminata Traoré[32]. L'absence de maîtrise de l'écriture et de la lecture, d'une éducation continue et soutenue et surtout de l'absence d'utilisation des langues locales comme vecteurs de la connaissance font de la majorité des producteurs africains des groupes marginalisés et des laissés-pour-compte de la mondialisation. Il convient alors de se demander si, dans ce cas, les luttes acharnées menées contre les différentes formes d'exploitation par les « alter mondialistes » et autres défenseurs de l'Afrique ne seront pas vaines si les vraies questions ne sont pas résolues, comme, par exemple, celles relevant de la communication linguistique et de la culture notamment. Il faudra y faire face nécessairement pour faire émerger une solution. Car, « La mondialisation « n'est certes pas un phénomène nouveau.

---

[32] Aminata Traoré, Une chance pour l'Afrique in *Le Monde diplomatique*, numéro 11651, année 2004, p. 26

Cependant, le fait qu'elle soit aujourd'hui portée par des moyens de communication de grande diffusion augmente considérablement son ampleur, ses ramifications et ses impacts.»[33]

Le deuxième volet que l'on pourrait évoquer est celui de la communication technique en ce siècle où la société de l'information engendrée par un développement exponentiel des technologies liées à ce domaine devient une réalité incontournable. Toute percée dans cet environnement est une nécessité et un impératif pour tout pays et pour toute société. Il y a alors lieu de se demander où en est l'Afrique ? Hormis quelques rares exceptions, la plupart des pays sont bien loin de cette nouvelle civilisation technologique. Le vrai handicap est incontestablement l'absence de maîtrise des langues utilisées tant dans la conception des programmes que dans la communication. Global Internet Statistics (2004), confirme bien à ce stade que la langue anglaise représente environ 35% pour ce qui est de l'accès à l'Internet tandis que pour toutes les autres langues réunies, présentes sur la toile, le pourcentage s'élève à 64% environ. Une fois encore, le constat est que la domination de l'anglais est très nette dans l'internet et les langues africaines totalement inexistantes. C'est donc véritablement le problème

---

[33] Guy Dumas, Allocution au Congrès mondial des professeurs de français. Thème : *Le défi de la diversité*, p. 2, Atlanta : Secrétariat à la Politique linguistique.

de l'absence de ces langues par rapport à toutes les autres qui est en jeu ici. La cause en est, bien entendu, l'hétérogénéité apparente de l'environnement linguistique africain. Face à cela, ce que tant de personnes pensent être la seule solution évidente doit être l'utilisation de ces langues dans leur sphère naturelle purement et simplement. Car le multilinguisme existant ne peut permettre le développement d'une société de l'information qui ne peut l'être qu'à travers des media linguistiques mieux connus et mieux cernés scientifiquement. Cette argumentation peut être tenue pour vraie en soi si l'on considère que l'essentiel est encore à réaliser quant à la question du choix. Le vrai dilemme pour l'Afrique aujourd'hui est la position que doivent adopter les décideurs face aux langues en présence, à savoir, langues africaines et langues extra-africaines. Mais, en réalité, tant que des politiques linguistiques ne seront pas mises en place et tant que les langues africaines seront absentes de l'école et chez la grande majorité des populations comme vecteurs de transmission de la connaissance, tout espoir restera vain et les langues coloniales deviendront de véritables « langues africaines » bien que certains chercheurs-linguistes le proclament déjà. Malgré la place dérisoire qu'occupent aujourd'hui les langues africaines sur l'échiquier mondial, les technologies de l'information et de la communication constituent pour l'Afrique une nécessité, et cela, pour deux raisons principales. Premièrement, parce que le continent ne peut et ne doit être absent de cette ère nouvelle. Car « les Africains doivent aussi être au cœur de l'information afin de pouvoir garder l'initiative du développement des nouvelles technologies chez eux. Il ne s'agit pas là d'une manipulation pour restreindre la liberté de communiquer mais au contraire, la meilleure manière de s'assurer que les Africains pourront s'approprier les techniques, être présents sur les réseaux et être actifs dans la création de contenus » comme le dit, en l'occurrence, Alpha Oumar Konaré[34]. Deuxièmement, il y a l'apport sans limite des technologies dans l'étude scientifique et la modernisation des langues. C'est-à-dire, l'insertion dans ce grand mouvement technologique qui signifie pour l'Afrique l'assurance d'une véritable promotion de ses langues d'abord et de son développement social, politique et économique ensuite. Ce sera aussi celui de ses propres cultures à travers les langues qui les portent. « Toutes les cultures, dira Hervé Bourges, alors Président du Conseil Supérieur de l'Audiovisuel en France, doivent avoir leur place sur les réseaux de communication mondiaux. C'est de notre diversité que nous avons toujours tiré notre richesse : ne la sacrifions pas sur l'autel d'une mondialisation économique qui ferait fi des valeurs

---

[34] Alpha Oumar Konaré, *L'Afrique face aux nouvelles technologies de l'information : comment prendre l'initiative ?* p.2, 1996: http//www.unige.ch/iued/wsis/devdot/00632.htm.

culturelles ou sociales des différents continents et des différents pays. C'est le troisième grand enjeu de la mondialisation pour l'Afrique : elle ne doit pas y perdre son âme… ». Malheureusement, tous les arguments sont mis en avant aujourd'hui pour prouver l'inutilité de toute recherche de solutions au problème linguistique en Afrique. Or, y trouver une réponse, c'est sortir le continent de sa marginalité et le faire s'impliquer avec plus de responsabilité dans la mondialisation. Sans un effort de prise en main effective de ses média linguistiques en vue de leur organisation qualitative au sein des environnements multilingues nationaux d'une part et sur le plan international d'autre part, les nombreuses tentatives de sortir les sociétés africaines de l'illettrisme et du manque d'instruction seront vaines aussi. Et ce sera, malheureusement, la consécration de l'aliénation de tout un continent face à cette nouvelle donne économique et politique. Beaucoup de choses ont déjà été dites sur cet impératif et des solutions proposées pour baliser les contours du multilinguisme africain.

Loin de constituer une problématique insoluble, l'hétérogénéité linguistique africaine qui n'est d'ailleurs qu'apparente, n'est pas différente de celles que l'on rencontre sur d'autres continents. La différence se situe uniquement au niveau de la volonté politique dont on fait preuve pour relever tous les défis. Au delà des démarches engagées pour arriver à des solutions scientifiquement acceptables, il y a les objectifs que l'on assigne au travail engagé qui se résument en un certain nombre de questions dont celle qui touche à la question du pourquoi, c'est-à-dire à la pertinence de la tâche, à la nécessité d'une telle réflexion sur les codes linguistiques africains étant donné la position privilégiée des langues issues de la colonisation en Afrique. Mais ces interrogations, on l'a déjà dit, ne sont guère fondées si l'on tient compte de l'importance de la langue dans la vie de tout humain individuellement et dans la société en général. Ainsi, contrairement à tout ce qui peut être pensé et dit par les sceptiques, il est clair que la réflexion sur l'ensemble des questions linguistiques se justifie, à plus d'un titre, parce qu'elle devra nécessairement faire émerger le volet culturel dont l'analyse et le développement constituent aussi des impératifs pour l'Afrique. On tentera, dès lors, dans cette perspective, de montrer comment, intégrées dans la mondialisation, culture et langues représentent véritablement les signes distinctifs de toute société, donc des faits qui fondent sa spécificité. Partant de ces réalités, il devient impératif d'aborder les grandes questions de la diversité et de l'exception culturelles par rapport à l'Afrique et avec toutes les conséquences qu'elles engendrent pour elle. S'agissant des langues, il faut tout d'abord constater que sur le plan politique, la domination des parlers de colonisation est confirmée par les différentes lois fondamentales qui régissent les pays africains. Cela est d'autant plus vrai que des habitudes linguistiques sont prises par certaines couches des sociétés africaines par rapport aux parlers dominants. Des créoles et d'autres formes linguistiques se sont forgés sur les modèles des langues étrangères. Il a été tenté en vain, heureusement, d'en imposer un aux francophones africains sous la dénomination de « français d'Afrique ». Il aurait pu être formalisé si de grandes résistances n'étaient pas apparues pour refuser cette tentative de « tropicalisation » de la langue française alors que, par ailleurs, des tests de français étaient exigés des étrangers en quête d'une inscription dans les universités de France. Toute cette situation n'exclut pourtant pas que l'on puisse aller au fond du problème pour permettre à l'Afrique et aux Africains d'entrer de plain-pied dans la mondialisation. Lorsqu'il s'est agi, il y a quelques années, de considérer la culture et les œuvres culturelles comme tout autre objet d'échange au sein de l'Organisation Mondiale du Commerce, chacun a pu constater le mouvement d'indignation créé par cette décision.

La Francophonie, organisation regroupant tous les pays francophones dont ceux d'Afrique en l'occurrence, a combattu, avec d'autres pays cette idée qui n'était, selon eux, qu'une dérive dans laquelle l'OMC allait s'engager en ce moment là. Il fallait donc protéger le volet culturel contre les visées mercantilistes et à la limite impérialiste qui commençaient par s'installer. Une réponse claire venait ainsi d'être apportée aux questions que se posait Jean Baer en ces termes : « la mondialisation enrichira-telle les cultures ou les banalisera-telle? Les Etas garderont-ils la liberté de définir et de mettre en œuvre les moyens réglementaires et financiers pour protéger et promouvoir leur culture ou délaisseront-ils tout ou partie de cette capacité au profit des marchés ? »[35]. Malgré la levée de boucliers apparue, une question reste néanmoins posée pour l'Afrique. L'exception culturelle ainsi promue, à travers l'opposition manifestée concerne-t-elle réellement l'Afrique ? Si la culture veut aussi dire valorisation des langues, de quelles langues s'agira t-il pour les Africains ? Que ce soit au sein du Commonwealth, organisation regroupant les pays anglophones ou que ce soit dans la Francophonie, les problèmes sont identiques au regard de la situation linguistique de l'ensemble des pays africains qui s'y sont regroupés. S'agissant plus spécifiquement de la Francophonie, la notion d'exception semble être plus importante qu'ailleurs parce que dirigée vers un objectif essentiel. Celui de la défense de la culture et de la langue françaises. Tout doit donc être mis en œuvre en vue du renforcement de cette langue car « dans le contexte actuel de la mondialisation des échanges, tel que l'écrit Guy Dumas, la promotion de la diversité apparaît comme l'un des enjeux majeurs pour assurer le maintien et

---

[35] Jean-Michel Baer, Une règle en quête de contenus in *Cahiers En Temps réel*, p.2, numéro 11, année 2003.

la sauvegarde des cultures et des langues du monde. Ainsi, le développement et la promotion du français s'inscrivent d'emblée à l'intérieur de ce défi afin que cette langue, que nous avons en partage, demeure une langue de communication internationale et qu'elle continue de jouer son rôle identitaire en tant que langue nationale dans plusieurs Etats ». Les idées-forces ainsi exprimées ici sont : promotion de la diversité, développement et promotion du français, langue en partage et langue nationale dans plusieurs Etats. S'agissant de la promotion de la diversité, il est clair, en effet, que toute langue devrait jouer son rôle naturel, à savoir, celui d'être le véhicule de la culture de celui ou celle qui la parle. Or, lorsque l'on parle de développement ou de promotion de langue en partage dans l'espace francophone, cela signifie que la langue de l'ensemble de ceux qui, par la force des évènements historiques, sont devenus francophones aujourd'hui, devrait être le français. Ce qui vient justifier aussi les propos de Guy Dumas ainsi que ceux du Président Jacques Chirac qui s'exprima un jour en ces termes : « Nous voulons un monde qui célèbre sa diversité dans l'expression des valeurs universelles. Cela passe d'abord par la bataille des langues. Il nous faut réaffirmer solidairement le principe du multilinguisme dans la société internationale. Veillons à ce que nos langues gardent droit de cité dans les négociations internationales […] et je propose que nous nous retrouvions systématiquement dans chaque organisation multilatérale pour y faire valoir ce droit »[36]. Aux Africains présents à ce colloque destiné à commémorer la journée internationale de la Francophonie, le concept de langue tel qu'évoqué renvoyait essentiellement au français tandis que pour les autres participants européens, la compréhension de ces propos devait être tout autre. Il s'agissait, pour ces derniers, du français et de toutes les autres langues de l'espace en question. Que l'on prône le respect du multilinguisme ou que l'on parle du dialogue des cultures, les langues locales africaines sont loin d'être concernées par cette notion et par le plaidoyer pour le respect de la diversité linguistique et culturelle face à la mondialisation. La mise sous tutelle linguistique est donc avérée et bien évidente.

Mais si, à travers ces différentes déclarations, l'on a ouvertement affaire à des positions essentiellement d'ordre politique et pourquoi pas, aussi, d'ordre idéologique, d'autres analyses linguistiques et techniques plus fines viennent encore corroborer ces faits, dans cet environnement d'acharnement pour un ordre linguistique à imposer nécessairement. Il y a, par exemple, celles de L.-J. Calvet que l'on tentera d'analyser à travers son article intitulé : Le versant

---

[36] Jacques Chirac, Discours d'ouverture à la Conférence sur le thème : « *Trois linguistiques face aux défis de la mondialisation* », Journée internationale de la Francophonie, Sorbonne, Paris, 2001.

linguistique de la mondialisation (2001) : « Est il possible, dira t-il, de maintenir en survie, par une sorte d'acharnement thérapeutique ou de mise sous perfusion, des formes linguistiques abandonnées par leurs locuteurs »[37] ? Et lorsque la revendication est faite par des chercheurs ou de responsables politiques de reconnaître l'ensemble des langues dans un environnement multilingue comme étant toutes porteuses, sans exception, de cultures et doivent être, dans leur intégralité, considérées comme des vecteurs du savoir et de la connaissance, Calvet n'hésite pas à classer de telles réflexions dans ce qu'il qualifie de « discours Politico-Linguistiquement correct ou Discours PLC »). La conclusion que tire l'auteur de l'ensemble de ses analyses est que « les langues sont profondément inégales ». Partant de ce constat, il énonce quelques propositions pour résoudre la question épineuse du choix. Même s'il n'utilise pas cette notion explicitement, il s'agit bel et bien de choix dans le contexte de la mondialisation. Il doit être concrétisé, selon lui, par : « un modèle moyen (au sens où l'on parle de moyenne en arithmétique, tendanciellement trifonctionnel, dans lequel chaque citoyen aurait

---

[37] Louis - Jean Calvet, Le versant linguistique de la mondialisation in *Français 2000, numéro 173/174*, pp 5367, année 2001.

besoin de et droit à trois types de langues : « Une langue internationale pour ses rapports extérieurs, la langue de l'Etat (normée, standardisée), la langue grégaire de l'Etat […] ou une langue différente ».

Sa première conclusion face à ce classement est que : « Dans ce schéma à trois niveaux (langue internationale, langue de l'Etat, langue grégaire), la logique de la mondialisation suppose peut-être la disparition de la seconde de ces trois langues, la langue de l'Etat »[38]. L'analyse de ces propositions montre donc clairement que la mondialisation serait le seul cadre régulateur de la question linguistique. Et si, comme le pense l'auteur, la langue internationale ou la « langue globale » demeure l'anglais, l'on devra, en toute logique, conclure que les concepts de spécificité et d'exception culturelles ne seraient qu'une vue de l'esprit. S'il en est alors ainsi pour des langues qui pourtant ont tout pour s'imposer sur le plan international, le français par exemple, à quoi devrait alors se raccrocher l'Afrique pour sa propre affirmation linguistique et culturelle dans le cadre de la mondialisation ? « La langue grégaire qui peut être une forme locale de la langue de l'Etat ou une langue différente » tel que le propose Calvet, est bien loin de résoudre la question linguistique et ne signifie en définitive qu'une banalisation pure et simple du phénomène linguistique en Afrique. Une forme locale de la

---

[38] Louis-Jean Calvet, *idem*, p. 56

langue de l'Etat pourrait aussi se comprendre, pour tous ceux qui continuent de subir la suprématie des langues étrangères, comme un système tronqué de cette langue que personne ne peut, en toute honnêteté, s'arroger le droit de proposer pour la communication. Donnant l'impression de prendre à son compte tous les discours sur la vision de la Francophonie et sur le concept de langue en partage, l'auteur a manqué de mettre l'accent sur certaines questions essentielles qui pourraient être exprimées ainsi : l'Afrique peut-elle ou doit-elle, face à la mondialisation, quelle que soit la force de la ou des langue(s) « globales » ; peut-elle, se soustraire à une réflexion de fond sur son propre destin linguistique et culturel ? Lorsqu'elle l'aura fait, peut-elle prétendre, pour le développement de ses sociétés ou le développement tout court, affirmer son indépendance culturelle ou doit-elle continuer d'être une perpétuelle figurante dans une pièce qui lui est imposée et qui continue de la mettre sous tutelle ?

Si, parlant de la France : « L'idée de culture, est », selon Claude Allègre « une valeur essentielle qui ne peut pas laisser l'Etat indifférent »[39], l'on peut alors s'imaginer combien importante elle l'est aussi pour tout le continent africain. Toutes ces interrogations méritent réponses parce que malgré les déclarations faites ici et là sur la diversité culturelle dans

---

[39] Claude Allègre, Exception culturelle in *L'Express*, 31 juillet 2003, pp.12.

l'ensemble des regroupements politiques et culturels tels que le Commonwealth et la Francophonie, jamais les langues locales africaines et leur développement ainsi que les cultures africaines n'ont bénéficié d'une attention qui puisse les aider à se hisser à un rang appréciable dans le concert des nations. Malgré les nombreux projets financés dans le cadre de la Francophonie en vue d'engager des recherches sur les langues africaines et malgré le cas que l'on fait des données culturelles dans le cadre des grandes professions de foi sur le partage des cultures, l'objectif unique de telles sollicitudes est, sans conteste, la défense des langues issues de la colonisation et des cultures qu'elles portent. Calvet semble, en fait, malgré tout, reconnaître implicitement ce fait lorsqu'il affirme que « la Francophonie tente de rallier autour d'elle, sur le mot d'ordre de la diversité, d'autres Xphonies, mais si l'on voit bien ce qu'elle attend de cette mobilisation, il n'est pas certain que ses éventuels associés en retirent le moindre bénéfice ». Une telle déclaration vient finalement conforter ce que l'on a déjà tenté d'affirmer. Elle met « les pendules à l'heure » en quelque sorte et met effectivement l'accent sur la nécessité et le caractère impérieux d'une réflexion en vue de solutions à envisager à propos des problèmes linguistiques et culturels en Afrique. Jamais, face à la mondialisation, l'autonomie africaine sur ces sujets n'a été affirmée sinon par le biais de tuteurs dont le dessein demeure la sauvegarde de leurs propres intérêts culturels et linguistiques. Dans une telle position de faiblesse, le continent ne peut que constater, en spectateur, les dégâts qui surviennent sur le plan éducationnel, économique, social et politique à la fois. Car donner à ces différentes questions l'importance qu'elles méritent signifie que l'on ait définitivement pris une option capitale pour soi-même sur la promotion culturelle et linguistique donc sur le développement dans sa globalité. Cela signifie aussi que la reconnaissance de l'importance des problèmes en question devrait entrainer obligatoirement la naissance d'une vision nouvelle sur l'analphabétisme et par rapport à son éradication. Toutes les positions soutenues sur la culture et les langues face à la mondialisation montrent que l'Afrique a besoin de se défendre seule sur ces fronts et de décider de ce que doit représenter pour elle sa propre identité. Diminuer ostensiblement le nombre des analphabètes et créer chez eux le désir ardent de développer leurs cultures au travers d'une véritable modernisation de leurs langues, entraîneraient, sans nul doute, un regain d'intérêt de ces populations pour toutes les questions politiques, sociales et économiques nationales et mondiales donc pour la mondialisation. Lorsqu'il s'agira de défendre l'introduction des produits agricoles africains sur les marchés internationaux régis par les règles de l'Organisation Mondiale du Commerce ou lorsqu'il s'agira de s'opposer aux subventions destinées à soutenir certains produits au Nord, et cela, en violation flagrante des règles établies, les paysans africains, ainsi renforcés par leurs nouveaux acquis, pourront rejoindre, dans une lutte commune, tous ceux-là qui, inlassablement, tentent de le faire à leur place. Mais peut-on dire, eu égard à ce qui semble un manque de volonté de la part des décideurs africains, qu'il y a une absence totale d'actions positives par rapport à la réhabilitation des cultures et à la valorisation des langues locales africaines ? La réponse à cette question exige qu'un bilan se fasse, à travers le rappel de tout ce qui a déjà été engagé en Afrique en vue de son affirmation sur le terrain culturel et sur le plan linguistique.

CHAPITRE IV

Les Professions de foi africaines

Malgré les lacunes et le manque de volonté politique constatés à maints endroits, il est important de se faire le devoir de mettre en évidence certaines actions positives des Africains depuis les indépendances. Les questions culturelles ont toujours été au centre des préoccupations d'une certaine frange d'Africains et d'organisations continentales. En effet, bon nombre de responsables politiques ont, depuis les années soixante jusqu'à leur disparition progressive de la scène politique, fait du problème culturel leur cheval de bataille sans oublier la part prise dans ce combat par les associations d'étudiants africains et sur le plan continental, la Fédération des Etudiants d'Afrique Noire en France (FEANF). Les festivals qui s'organisaient et qui continuent encore, peut-être avec une périodicité plus espacée, sont des preuves palpables marquantes de cette volonté. Au nombre de ces festivals se retrouve en bonne place le « Festival des arts nègres » appelé à représenter l'ensemble des expressions culturelles de toute l'Afrique. Un tel contexte d'effervescence culturelle reste néanmoins ambigu au regard de la question linguistique car les langues étrangères se sont imposées, reléguant au second plan tous les parlers locaux parce qu'elles ont acquis un statut plénier. Face à cette réalité politique, l'on doit s'interroger sur les actions déjà engagées par l'Afrique. Le multilinguisme existant peut il permettre ou faciliter la mise en œuvre d'une action positive vers l'affirmation d'une exception culturelle véritablement africaine ? Importante question qui conduit à l'examen de ce que nous qualifions ici de professions de foi africaines.

a) La Charte culturelle africaine

En 1976, un document vit le jour à Port Louis, à l'Ile Maurice sous l'intitulé : « Charte culturelle de l'Afrique ». Son objectif principal comme le stipule l'article premier (OUA : 1976), est de « libérer les peuples africains des conditions socioculturelles qui entravent leur développement pour recréer et entretenir le sens et la volonté de développement». S'agissant plus spécifiquement de la diversité, elle affirme que : « les Etats africains reconnaissent que la diversité culturelle est l'expression d'une même identité, un facteur d'unité et une arme efficace pour la libération véritable, la responsabilité effective et la souveraineté totale du peuple » (article 4). Quant à la question linguistique, la charte fait ressortir que : « les Etats africains reconnaissent l'impérieuse nécessité de développer les langues africaines qui doivent assurer leur promotion culturelle et accélérer leur développement économique et social. A cette fin, les Etats africains s'attacheront à élaborer une politique linguistique nationale » (article 17). Les grands enjeux de l'Afrique, depuis cette période déjà, à savoir, la diversité culturelle, la problématique des langues et du multilinguisme, le développement, sont donc apparus très clairement dans cette charte. Elle était l'expression d'une position véritablement indépendante qui a placé l'homme et la femme au centre des faits culturels et linguistiques ; ce qui signifie que l'on ne pourra forcer les populations à abandonner leurs propres cultures et parlers au profit des cultures étrangères ou d'une ou de deux langues dites « globales » ou parce que, si l'on considère la situation actuelle, la mondialisation l'exige. La langue, c'est d'abord le vecteur d'expression de la pensée et l'élément fondateur de la culture. Vouloir l'exclure d'une quelconque utilisation ou y exercer une certaine dictature en la privant de l'objet auquel elle est destinée, la communication en l'occurrence, est une manière de porter atteinte à la personne qui la parle. Car « de tout temps », comme l'affirme Riccardo Petrella (1994), « la langue est une arme qu'utilisent les classes et les espaces dominants pour renforcer leur pouvoir de direction et de contrôle. Ce faisant, ces mêmes classes et espaces peuvent parfois faire valoir qu'ils l'utilisent pour une politique de progrès social et culturel ».

b) Le Plan d'action linguistique pour l'Afrique

Comme à Port-Louis, les dirigeants politiques africains se réunirent à Addis-Abeba en juillet 1986 sous l'égide de l'Organisation de l'Unité Africaine (OUA) aujourd'hui Union Africaine (UA) et adoptèrent un plan appelé « Plan d'Action Linguistique pour l'Afrique ». Ici également, la nécessité d'affirmation d'une identité culturelle s'est imposée parce que « la langue, comme le précise le préambule, est l'expression de la culture d'un peuple » et parce que, aussi : « l'émancipation culturelle des peuples africains et l'accélération de leur développement économique et social ne seront possibles que si les langues africaines sont effectivement utilisées » (OUA 1986 : Préambule). Mais au delà d'une telle reconnaissance de la valeur intrinsèque des codes linguistiques africains, il y a dans le plan en question quelque chose qui relève de la nouveauté dans l'analyse de la situation linguistique africaine. C'est la position adoptée face aux langues étrangères ; celles issues de la colonisation notamment. Cette attitude est d'autant plus étonnante que ces langues constituent des éléments fondamentaux dans la plupart des constitutions africaines. En effet, dans les objectifs du plan, les décideurs avaient estimé qu'il était nécessaire de « libérer les peuples africains de leur dépendance excessive vis-vis des langues étrangères comme principales langues officielles de leurs pays en remplaçant progressivement ces parlers par des langues africaines locales judicieusement choisies » (Titre I, c). Ils poursuivront en affirmant qu'il faut aussi veiller à ce que les langues africaines, grâce à une législation appropriée et à une promotion pratique, assument leurs rôles légitimes comme moyens de communication officielle dans les affaires publiques de chaque Etat membre pour remplacer les langues européennes qui ont jusqu'ici ce rôle ». (Titre I, d). Position révolutionnaire, s'il en est, qui non seulement rompt avec la réalité présente mais qui, concomitamment, fait apparaître une contradiction majeure par rapport aux organisations dans lesquelles militent l'ensemble des pays africains, le Commonwealth et l'Agence de Coopération Culturelle et Technique muée aujourd'hui en Organisation Internationale de la Francophonie dont l'objectif principal, en réunissant les pays « ayant le français en partage » comme on le clame haut et fort, veut promouvoir essentiellement cette langue face à l'anglais dont l'extension étouffe l'ensemble des parlers mondiaux. Il convient de signaler que ce qui paraissait important ici était la volonté de l'Organisation africaine à faire des langues africaines des questions essentielles. Et c'est ainsi que parmi les objectifs, il est à relever cette volonté « d'encourager et promouvoir l'unité linguistique nationale, régionale et continentale en Afrique dans le cadre du multilinguisme qui prévaut dans la plupart des pays africains » (titre I, g).

c) Autres prises de positions africaines

Dans le cadre du nouveau partenariat pour le Développement de l'Afrique (NEPAD), nouveau programme mis en place au sein de l'Union Africaine en vue du développement du continent, la référence à la question culturelle concerne uniquement « le savoir autochtone », le développement et la protection des œuvres littéraires et artistiques « nourries de traditions » (2001 : 27), comme le spécifie le programme. Quant au plan stratégique de l'Union africaine qui est le plan d'action quadriennal (2004 / 2007), l'acte six (6) relatif à la culture s'engage par contre sur de nombreuses pistes telles que la valorisation des savoirs locaux, le renforcement du rayonnement de la culture africaine dans le monde et une meilleure représentativité de l'Afrique et de ses productions matérielles et immatérielles. L'Union Africaine s'engage aussi à « favoriser le développement des industries culturelles, à revaloriser la place de la culture et des acteurs culturels dans le développement » (p. 74). Peut-être implicites, les concepts de diversité, de culture et de langue sont donc totalement absents de ces programmes tant il est vrai qu'il ne s'agit que d'un cadre global de développement économique qui devra être encore affiné dans le futur.

Tel est l'essentiel des positions prises par les décideurs africains depuis les indépendances sur le développement de la culture, sur la diversité culturelle et la question linguistique etc. Elles font référence sur le plan africain et constituent, pour tous les Etats, des pistes de réflexion pour des actions concrètes futures. Mais les recommandations ainsi faites méritent maintenant d'être analysées. Leur mise en œuvre, dans l'environnement culturel et linguistique tel qu'il se présente aujourd'hui en Afrique, relève de l'urgence car le continent doit chercher à donner corps à toutes ces décisions dans un souci de promotion de son développement intégral. Ainsi, la charte de Port-Louis d'une part et le plan d'action d'Addis-Abeba d'autre part, ont, tous les deux, fait ressortir la nécessité et l'urgence pour l'Afrique de donner à la question culturelle et linguistique une réelle substance et de tenter de les faire entrer dans le concret de leur réalisation au niveau de toutes les structures étatiques. Les textes font ressortir aussi la prise de conscience de l'ensemble des dirigeants africains du moment et leur volonté de se consacrer à l'aplanissement et au balisage de ces sous-secteurs dont le caractère sensible n'est plus à démontrer car, compte tenu de la réalité ambiante qui fait des domaines en question des volets d'ordre politique et social à la fois, il va falloir, pour passer à l'exécution de certaines tâches, briser des tabous et repenser de fond en comble toutes les politiques éducationnelles, de développement et de coopération pourtant déjà bien établies. En effet, lorsque dans le Plan d'Action d'Addis-Abeba, la position africaine sur la langue a été centrée sur une rupture radicale avec le passé et les réalités actuelles, il y a lieu de se poser des questions sur les moyens à mettre en œuvre pour atteindre cet objectif. Poser le problème de cette manière n'est pas un refus de voir la normalité ou la justesse de la décision africaine parce qu'il serait en réalité temps que l'Afrique prenne sur elle, la responsabilité historique et politique de se déterminer face à quelque chose qui lui est étranger et qui constitue, à n'en point douter, une entrave à sa propre avancée qualitative dans le domaine de son autonomie culturelle et linguistique. Mais l'essentiel du questionnement porte uniquement sur les moyens. Ainsi, lorsque l'on a affirmé dans le Plan d'action d'Addis-Abeba qu'il faut « libérer les peuples africains de leur dépendance excessive vis-à-vis des langues étrangères comme principales langues officielles de leurs pays, en remplaçant progressivement ces langues par des langues africaines judicieusement choisies » (Titre I, c), les décideurs africains ont consciemment tracé deux pistes majeures. Celle d'une mise en place rapide de politiques linguistiques conséquentes dans tous les Etats membres et celle du balisage du multilinguisme existant en procédant à des choix judicieux de langues. Il s'agit en fin de compte, et le Plan ne manque pas de le souligner, de remplacer purement et simplement les langues étrangères par les parlers locaux africains. Pourtant, la presque totalité des constitutions africaines les ont inscrites comme langues officielles sans oublier l'ensemble des structures d'éducation qui les promeuvent. Paradoxe qu'il convient nécessairement de relever. Que deviendront alors ces langues dans l'environnement linguistique des pays ? Quelle orientation prendront les programmes d'éducation là où un tel processus aura été retenu ? Quels programmes de formation devra-t-on mettre en place pour palier le manque de formateurs dans une telle situation ? Toutes ces interrogations doivent trouver des réponses adéquates et urgentes pour des raisons d'organisation du sous-secteur de l'éducation et de promotion de sa qualité à un moment où il reste confronté à de nombreuses difficultés. L'engagement des pays africains dans certaines organisations précitées doit, indubitablement, susciter de telles réactions. En définitive, ces professions de foi africaines sont hautement louables à plus d'un titre et dénotent de l'importance que revêtent pour le continent les questions ainsi soulevées. Tout doit donc être mis en œuvre en conséquence pour faire évoluer les sous-secteurs restés jusqu'ici non productifs du fait de la tutelle que subissent les populations africaines. En prendre conscience maintenant signifie que l'on se rend bien compte qu'il s'agit d'un défi qu'il faut relever pour faire entrer le continent dans l'ère de la modernité.

Car la promotion de la culture et des outils linguistiques en vue de l'avancée qualitative du sous-secteur de l'éducation sont de réels atouts pour le développement. Pour y arriver, il va falloir donner un contenu aux décisions prises et les rendre applicables sur le terrain. Il va falloir définir à nouveau la vision politique à avoir des problèmes posés. Ce qui nous amènerait logiquement dans un premier temps, en ce qui concerne le volet linguistique, à réfléchir sur la nature de la politique ou des politiques linguistiques à mettre en place en Afrique. Viendra alors ensuite, la prise en charge des langues pour y faire le travail requis en vue d'aboutir à une tâche de dépouillement scientifique qui devrait tendre vers des choix pertinents et vers une modernisation bien pensée des langues. A ce propos, le plan d'Addis-Abeba invite à « la modernisation éventuelle, par tous les moyens nécessaires, des langues africaines locales choisies comme langues officielles » (Titre2, C). Mais une modernisation linguistique, on le sait, c'est l'entrée de la forme linguistique existante dans un environnement qui la rend conforme au développement présent, aux réalités techniques, scientifiques actuelles. Il faut donc aller plus loin car « une modernisation » ne doit pas relever de « l'éventualité » comme semble le préconiser le texte mais d'une nécessité.

Si telles furent les propositions avancées par les dirigeants africains et dont l'importance ne peut plus être mise en doute aujourd'hui, certaines entraves en bloqueraient la réalisation si elles n'étaient rapidement levées. L'on est conscient du comportement négatif de certains intellectuels vis-à-vis des langues locales quant à leur utilisation dans les sous-secteurs vitaux de chacun des pays. Les remplacer les parlers issus de la colonisation par ces langues relèverait d'une véritable gageure étant donné la place conférée aux langues étrangères. Mais malgré cela, des étapes sont à observer pour éviter de tomber dans un autre versant qui entraînerait un échec total de toute l'entreprise. Elles concerneront : l'explication, la sensibilisation politique et la recherche de l'adhésion populaire. On pourrait citer comme exemples, la Guinée-Conakry et Madagascar. Ces deux pays en avaient payé le prix fort faute d'avoir respecté ces démarches. Et l'occasion fut belle pour tous ceux qui ne voulaient pas admettre leur orientation politique en matière de politique linguistique, pour dénoncer ces tentatives que l'on savait pourtant salvatrices. Pour palier pareilles déconvenues, la mise en place, dans un premier mouvement, de ce qui pourrait être qualifié de «multilinguisme productif» s'avère nécessaire et reviendrait ainsi à la rencontre langues locales africaines/langues étrangères dans une situation d'égalité réciproque au sein de laquelle le statut officiel au sein d'un Etat sera conféré aux deux parlers.

D'autre part, l'Afrique a aussi le devoir impérieux de promouvoir un bi- ou un multilinguisme qui pourrait être dit « multilinguisme actif ». Il s'agira, à ce stade que soit favorisée la coopération internationale nécessaire au développement. Lorsque chaque pays aura tenté d'apporter quelques réponses à la question du choix, suite à la définition d'une politique linguistique claire, l'Organisation continentale, en l'occurrence, l'Union Africaine, doit se donner, en dernier ressort pour tâche, d'aider à la mise en œuvre effective du développement des langues transfrontalières dans le cadre d'une meilleure intégration des sociétés africaines. C'est d'ailleurs là l'une des tâches assignées à l'Académie Africaine des Langues (ACALAN) qui a vu récemment le jour sous l'égide de l'Union Africaine et dont les objectifs vont de l'étude des langues, notamment des langues transfrontalières, à leur promotion au sein des populations africaines.

On se rend donc bien compte que les contenus des textes cités qui fondent clairement les positions africaines sont bien d'actualité du point de vue des questions soulevées et des solutions préconisées. Une actualité d'autant plus réelle qu'elle touche aux fondements mêmes des relations de l'Afrique avec le monde extérieur et à la question de la participation active des pays aux regroupements précédemment cités. Tout ceci signifie donc que les problèmes que vit l'Afrique n'ont pas varié et se sont même, malheureusement, aggravés. Le remplacement des langues étrangères par les langues locales africaines dans les premières années du primaire continue toujours de susciter beaucoup d'interrogations chez les sceptiques quant à la promotion, pensent-ils, de la qualité dans les systèmes éducatifs. Ce qui est, bien sûr, loin d'être conforme à l'esprit de coopération prôné par la Francophonie en l'occurrence et à laquelle l'ensemble des pays africains francophones ont adhéré. Car, malgré les bonnes intentions apparentes, c'est bien de promotion du français uniquement qu'il s'agit. Ce qui fait d'emblée des langues africaines des « langues grégaires » telles que présentées par Calvet. C'est pourquoi, la suggestion que l'on pourrait faire au sujet de la rupture que prône le Plan d'Addis-Abeba, serait, si elle devait se réaliser, de faire intervenir les langues africaines au cours des premières années du système scolaire mais à travers une cohabitation égalitaire avec les langues étrangères et sans exclusive, parce que ces dernières ne peuvent et ne doivent pas disparaître de l'environnement linguistique africain. La promotion de l'apprentissage des langues étant une nécessité de nos jours. Quoi qu'il en soit, le développement social, politique, économique et culturel, face à la mondialisation, en dépend. Et de ce fait, le grand nombre des populations africaines qui végètent aujourd'hui dans l'analphabétisme arriveront un jour à rendre plus aisée leur compréhension des rouages des systèmes d'échanges commerciaux dans les circuits internationaux. Ce qui ne serait jamais possible sans les habiletés fondamentales à acquérir.

Il faut donc rompre, en conséquence, avec l'existant, mais par étape, sans refuser la coopération. Toute chose qui serait dommageable par ailleurs maintenant même si c'est bien l'objectif vers lequel l'Afrique doit tendre à terme sans toutefois jeter aux orties la quintessence des chartes africaines. Les langues nationales locales devant prendre toute leur place dans le concert des nations et recouvrer leur statut de parlers «partenaires» véritablement. Ce n'est ni de l'utopie ni une vue de l'esprit mais une question de survie pour le continent. Car « la Renaissance africaine », comme l'affirme Bertrand Tientcheu (1992), se décrit comme un processus de réveil, de renouveau spirituel, culturel, scientifique et économique de l'Afrique ». Les engagements pris dans les différentes prises de position africaines sont réalisables et ne sont pas hors de portée de tous ceux pour qui le continent doit aller de l'avant et vers le développement à tout prix. Puisque la réalisation des actions retenues doit se faire nécessairement, un seul acte pourrait en constituer le déclencheur. En effet, l'Organisation continentale a décrété, il y a quelques années, et dans le souci de promouvoir la culture et les langues en Afrique, l'utilisation de la langue swahili au cours de ses assises. Décision louable, annonciatrice d'un grand bouleversement politique mais qui, pour cette même raison, n'a jamais connu d'application véritable. Pourtant, l'anglais, le français et l'arabe continuent d'être les outils de travail de l'Organisation. L'Afrique est multilingue or ce multilinguisme ne sera productif et utilitaire que lorsqu'une grande langue africaine connaîtra un usage officiel dans une telle institution dont la Charte culturelle et le Plan d'Action linguistique ont été pensés pour bouleverser, positivement du reste, toutes les habitudes acquises depuis des décennies par les Africains. Il n'y a donc pas de doute que l'attentisme auquel l'on assiste au sein de l'Union Africaine quant à l'utilisation effective de cette langue que l'on voudrait, à dessein, nommer « parler global africain », favorise tous les jours l'implantation définitive des langues étrangères comme langues de promotion de la culture et du savoir en Afrique. L'utilisation du swahili au cours des assemblées de l'Union, comme première étape du processus, devrait permettre à la Charte et au Plan de s'imposer ; ce qui donnerait du crédit aux décisions et aux recommandations faites depuis longtemps par les politiques. En adoptant ainsi ces positions de grande portée politique, les décideurs africains ont estimé nécessaire de se soustraire de la tutelle qui leur a été imposée et qui fait faire à tout un continent l'amer constat que l'Afrique ne se reconnaît qu'à travers des cultures étrangères et des codes linguistiques exogènes. Pourtant, la culture est une façon d'être, de vivre, de se situer par rapport à l'autre. En s'accommodant de cette situation, l'Africain a perdu et continue de perdre l'essentiel. C'est cela que, à travers les positions proposées, l'Union Africaine a voulu souligner et tenter d'éradiquer.

Dans un tel contexte, on pourrait se demander pourquoi l'Afrique a été ou doit continuer d'être en marge d'une telle démarche et refuser de s'engager dans une voie salutaire pour ses populations. L'organisation continentale devrait être le moteur de ce changement qualitatif si l'on veut réellement que l'exception culturelle et l'autonomie linguistique africaines deviennent effectives sur le continent. L'on pourrait préconiser pour cela qu'une double décision concomitante soit prise pour actualiser les contenus de la Charte de Port-Louis sur la culture (1976), du Plan d'Action linguistique (1986) et de la Déclaration d'Asmara sur les langues et les littératures africaines (2000) car la mondialisation et ses conséquences sur l'Afrique ainsi que la nécessité pour elle de marquer une présence autonome dans le champ controversé de la diversité et de l'exception culturelle l'exigent. Le premier pas s'orientera donc vers l'élimination de l'analphabétisme à travers les langues locales tandis que la seconde décision concernera l'ouverture de la voie vers l'utilisation efficiente et productive d'une langue globale, le swahili, qui serait dès lors utilisée comme une des langues officielles de l'Union Africaine.

Caractérisé comme une absence de formation et d'éducation, l'analphabétisme, et l'on n'aura de cesse de le dire, est une source objective de pauvreté. Or aujourd'hui, près d'un homme sur trois et quatre femmes sur cinq dans maints pays le subissent. Il faut donc qu'il y ait une réponse continentale à ce fléau à travers un engagement effectif de l'Union. Dans un plan dit « Plan stratégique » présenté par le NEPAD, un accent particulier est mis sur le développement des sciences et des techniques. Mais pense-t-on honnêtement que les intellectuels africains, très minoritaires dans l'ensemble des pays, peuvent, à eux seuls, quel que soit leur degré d'intelligence et de technicité, mettre en œuvre de tels projets sans l'apport utile des autres franges de la société ? La réponse est, bien sûr, négative. Parce que, malheureusement, cette population majoritaire est pour le moment loin de ce mouvement. Tant de valeurs et de compétences se perdent en conséquence ainsi et tout silence sur la situation restera comme un rejet par le continent du bel idéal qu'est la promotion de la culture, du développement scientifique et technique. Pour toutes ces raisons, les différents textes publiés sur la culture et sur le développement des langues doivent connaître un dessein effectif et l'application, un jour, de leurs contenus. L'Union Africaine ne doit pas renoncer à faire valoir ses prérogatives sur la résolution de ces questions cruciales tant sur le plan continental que sur le plan international. Elle devra saisir l'occasion de la mise en œuvre de la Décennie des Nations Unies pour l'alphabétisation pour poursuivre la sensibilisation des décideurs politiques et faire conduire l'alphabétisation dans l'ensemble des pays. Mais, malheureusement, cette décennie semble ne pas avoir intéressé outre mesure une grande partie du continent. Que peuvent alors les autres, organisations bilatérales, donateurs de tous ordres, si l'Afrique ne s'est pas donné, souverainement, tous les moyens, qu'ils soient scientifiques, intellectuels ou matériels, pour faire de cette décennie un temps d'effervescence éducative partout ? Il s'agira encore certainement d'un rendez-vous manqué. Sans une réelle prise de conscience et sans une volonté farouche de comprendre toutes les conséquences néfastes de ce fléau que constitue l'analphabétisme sur la société, l' « émancipation des peuples africains et l'accélération de leur développement économique et social » comme le spécifie le Plan d'Addis-Abeba (OUA, 1986 : 1) ne seront que vaines déclarations qui connaîtront, tout compte fait, le sort d'autres slogans dont la vacuité nous est familière sur le continent. Un autre engagement que pourrait prendre l'Union Africaine serait d'intensifier l'aide qu'elle pourrait apporter à l'Académie Africaine des Langues en tant que haute instance technique et scientifique chargée de la codification des langues en Afrique. Elle doit avoir l'autorité voulue pour s'imposer auprès des politiques. Forte de ses objectifs, elle se réorganisera en conséquence sans pour autant devenir une structure dont une lourdeur éventuelle pourrait nuire à son propre développement et à son efficacité. La technicité qui doit être sa principale caractéristique sera son véritable atout.

Lorsque tout cela aura été pensé et réalisé, les langues locales africaines devraient-elles pour autant avoir un statut qui leur permettrait de se revitaliser ou devrions-nous, malheureusement, face à la mondialisation, nous résoudre à assister à leur disparition programmée ou à leur mort en quelque sorte ?

CHAPITRE V

La Mondialisation : mort ou revitalisation des langues locales africaines ?

Poser le problème de la place et du rôle des langues locales africaines face à la mondialisation, n'est-ce pas, comme on pourrait le penser, surévaluer l'importance accordée à ces langues ? Des doutes pourraient exister dans ce sens, en effet, si l'on considère le statut de certains codes linguistiques utilisés dans des pays dont la richesse leur confère pourtant un certain poids dans le monde. La langue allemande en est un exemple. Sur le plan des échanges et au sein de l'OMC, c'est bien évidemment l'anglais qui prédomine sans pour autant que cela signifie disparition de la langue allemande de l'échiquier international. La véritable question n'est donc pas la place qu'elles occupent face à celles qui sont les plus usitées. Mais l'essentiel ici, c'est le constat d'absence totale des langues africaines de l'environnement linguistique international. L'Afrique, on le sait dispose de grands moyens de communication linguistique capables de rivaliser, sur le plan de leur extension d'abord et du nombre de locuteurs ensuite, avec toutes les langues dites mondiales qui exercent aujourd'hui leur domination dans le domaine de la communication. Face à cette réalité, quelle devrait être la position du continent ? Les faits historiques montrent que les cultures, l'éducation, la communication linguistique sont portées par des langues étrangères. Situation dont on s'est contenté jusqu'alors. La conséquence de cette tolérance ou d'une telle acceptation du fait accompli fait de la communication autant vers l'extérieur qu'entre les sociétés africaines, une communication tronquée puisque les codes linguistiques utilisés ne sont maîtrisés que par une infime partie des populations africaines. Ce qui est encore plus inquiétant et problématique, c'est que le bi- ou le multilinguisme (langues africaines/langues coloniales) n'est pas promu ou à la limite interdit d'existence pour ne pas faire perdre aux langues étrangères coloniales leur supposée valeur intrinsèque. Partant de là et pour palier de telles lacunes qui continuent de la marginaliser, l'Afrique sera face à deux choix politiques décisifs que l'on doit signaler à nouveau ici. C'est d'abord, l'utilisation du swahili et ensuite le développement des langues transfrontalières. Les propositions ainsi faites ont pour objectif de diminuer le poids trop pesant du multilinguisme local et de favoriser, sur le plan politique, social et communautaire, l'apprentissage à la compréhension mutuelle et à l'unité qui peine à se réaliser. Mais il n'est pas dit, néanmoins que l'exigence de l'Afrique sera d'abord l'utilisation de tous les parlers promus. Elle devra plutôt, prioritairement, faire en sorte qu'au niveau international la langue officielle de l'Organisation continentale fasse réellement partie des langues mondiales et en ait le statut. Pourquoi les choses ne devraient-elles pas se passer ainsi si l'on estime que le continent doit aussi se reconstruire et se soustraire des entraves qui le fragilisent et l'infantilisent. L'Afrique a besoin, en effet, de s'affirmer pour faire front aux nombreuses pesanteurs de la mondialisation et pour rendre crédibles toutes les décisions contenues dans ses chartes et plans. Favoriser l'émergence des langues de grande communication, c'est créer et mettre en place des environnements lettrés en vue de l'émergence de sociétés du savoir bien établies.

Les objectifs ainsi tracés, bien que pertinents et nécessaires, ne seront guère faciles à atteindre. Il n'est d'ailleurs pas certain qu'ils puissent être facilement acceptés. Des raisons objectives sont liées à ces difficultés prévisibles. Premièrement, ce sont les conflits qui ont jalonné le continent et qui, pour certains parmi eux, perdurent, avec pour conséquences, toutes les incompréhensions sociales et politiques qui en résultent. Dissensions dont l'exacerbation est aussi et très souvent du reste, le fait de certaines couches sociales avancées des sociétés dont les actions néfastes souterraines restent souvent teintées de ce que Guy-Landry Hazoumê qualifie d'« idéologies tribalistes ».[40] Deuxièmement, il existe une attitude dubitative et méfiante des populations par rapport aux différentes déclarations et propositions sur les langues. En effet, la question du choix n'a jamais été, en effet, pour elles, une préoccupation majeure surtout si l'utilisation de leurs propres codes linguistiques reste garantie. Advienne que pourra donc pour les autres parlers. D'autres freins, notamment, la position attentiste des autorités, pourrait en être aussi une cause. Le cas du Bénin à ce niveau reste un exemple palpable. En effet, dans un élan quasi révolutionnaire, le gouvernement a décidé, suite au Forum sur l'éducation de 2007, d'introduire les langues nationales dans l'enseignement formel. Décision que les chercheurs-linguistes attendaient depuis des lustres. L'on avait alors cru à la naissance d'une volonté politique réelle face à la persistance de cette question. Après la création d'un ministère chargé de ces problèmes spécifiques, la désillusion ne tarda pas à s'installer parce qu'il fut, quelques mois après sa naissance, dissout, pour des raisons inconnues jusqu'alors. Mais l'on pourrait supposer que la difficulté de pouvoir apporter, le plus souvent, des solutions aux problèmes linguistiques contraint toujours les décideurs à un refus d'engagement de réformes nécessaires à l'aplanissement des

---

[40] Guy-Landry Hazoumê, *Idéologies tribalistes et Nation en Afrique, le cas dahoméen*, p. 1, 1972, Présence Africaine, Paris.

problèmes. Il y a également les difficultés qui concernent plus directement la question culturelle et l'utilisation des langues à travers les technologies de la communication et dans les medias audiovisuels. En effet, la promotion des langues et des cultures africaines signifie qu'elles doivent être véhiculées par tous les canaux techniques existants : radio, télévision etc. Mais si leur développement aujourd'hui est réel, il se réalise dans des conditions telles que les langues locales africaines demeurent toujours les moins favorisées par rapport aux langues étrangères. Comme un grand nombre de secteurs vitaux des pays africains, celui lié à la communication ou à tout ce qui a trait aux médias évoqués est loin de répondre aux exigences du moment. Faute de moyens techniques et financiers pour se développer et pour pouvoir faire face à la libéralisation massive de la communication dans le monde, la presque totalité des pays africains n'a d'autre choix que de se transformer en consommatrice insatiable de produits venus d'ailleurs avec tout ce qu'ils colportent de nocif et de répugnant quelquefois. Faute aussi de possibilité de création de programmes autonomes et endogènes, les medias africains contribuent consciemment ou non à la déstructuration progressive des cultures et des langues nationales africaines alors qu'elles doivent constituer des canaux importants pour les positions adoptées dans le cadre des différents appels et recommandations contenus dans les nombreuses prises de position précitées. La diversité et l'exception culturelle dont se prévalent certains pays face aux Etats-Unis se sont imposées à l'Afrique au travers de ses propres canaux audiovisuels comme si elles la concernaient directement ou comme si elles reflétaient ses propres aspirations en matière d'affirmation culturelle et linguistique. La diversité et l'exception culturelles revendiquées par la Francophonie par exemple ne sont certainement pas celles que l'on voudrait promouvoir sur le continent comme l'ont montré les Chartes africaines. Pour que la réussite puisse être au rendez-vous, l'on doit d'abord envisager une démarche pédagogique efficiente. Ce qui signifie que, par delà les mots et les prises de position politiques, l'Organisation continentale fournira à l'ensemble des pays les pistes de réflexions nécessaires pour des actions radicales de valorisation des langues locales et de réhabilitation effective des cultures africaines. Ce sera seulement à ce prix que l'on pourra donner un sens au concept de « Renaissance africaine » tant prônée. Trop d'éléments culturels que l'on pourrait qualifier de sous-cultures, qu'ils viennent du monde occidental ou d'ailleurs, sont massivement offerts aux medias africains avec pour conséquence désastreuse l'importante perturbation qu'ils engendrent et la nocivité qu'ils distillent au niveau des différentes couches des sociétés africaines et surtout de la jeunesse. De quelque nature que puissent être ces conséquences, le refus de la consommation des produits culturels en question doit être un impératif et un défi à relever pour les pays. Ce serait alors un acte véritablement salvateur mais qui ne saurait venir d'un seul pays individuellement ni d'un groupe de pays mais de l'Organisation dans son ensemble. Car, tel que cela se passe habituellement, l'Etat qui engagerait seul une telle lutte deviendrait une véritable cible, la cible idéale à abattre. A l'instar de l'Union Européenne, L'Union Africaine doit pouvoir exercer ce pouvoir pour inventer, de façon autonome, en dehors de toute tutelle, sa propre vision de la diversité et de l'exception culturelles. Il ne s'agira plus de les forger sur la base de structures culturelles et de codes étrangers, mais à partir de ce que doivent être la personnalité africaine, les modes de communication africains et la pensée africaine. Dès lors, le concept de multilinguisme, loin d'être compris comme une entrave au développement des cultures locales et des langues africaines sera, parce que balisé et organisé, source de richesse. Mais cette organisation linguistique, une fois encore, ne doit pas être pour les populations une occasion d'exclusion linguistique mais sera synonyme de recherche de modernisation harmonieuse des langues. Le deuxième niveau de la démarche pédagogique concernera la mise en œuvre d'une sensibilisation généralisée dans tous les pays. Chaque Etat devra déterminer ses propres méthodes compte tenu des réalités nationales en vue d'atteindre des résultats positifs. Les méthodologies ainsi décrites devront être le fruit d'une volonté commune de placer la question linguistique et culturelle au centre des préoccupations politiques dans l'ensemble des pays africains. Elles aideront, si elles sont menées à terme et avec la conviction politique requise, au développement des langues et favoriseront la promotion de l'alphabétisation au sein des populations touchées.

Ainsi, parce que le développement et la modernisation des langues locales auront été envisagés de cette manière, les transformations linguistiques, à travers les technologies de l'information et de la communication, seraient plus faciles à atteindre et mieux comprises. La question des alphabets serait non seulement résolue pour ce qui concerne les langues africaines, mais ce résultat devrait aussi permettre d'envisager un début de solution pour l'utilisation à grande échelle des outils technologiques. Ce qui paraissait donc jusque-là inaccessible serait à la portée de tous. Alors, face à cette grande demande, un certain nombre de solutions verraient le jour dont la question des coûts. De la même manière, une telle promotion linguistique devrait entraîner, dans chacun des pays composant l'Organisation panafricaine, la disparition des préjugés existant sur la viabilité des langues africaines. Cela fera alors place à un engagement certain de la part d'un plus grand nombre d'acteurs pour un réel développement continu des langues en question. L'alphabétisation, en sera en conséquence, la première bénéficiaire car, pensée et bien conduite dans des environnements multilingues organisés, elles devront évoluer dans des conditions qualitativement meilleures à cause des apports scientifiques et techniques dont elle aura bénéficié. Mais que vaut l'alphabétisation si les bénéficiaires sont dans l'incapacité fonctionnelle, malgré leurs nouvelles compétences acquises au moyen des codes linguistiques locaux, de faire faire face à la mondialisation, c'est-à-dire de la comprendre mieux, d'agir efficacement sur l'environnement pour le protéger, de prendre mieux soin de leur santé, etc. etc.? Aujourd'hui, la réalité de la mondialisation, en ce qui touche à la communication linguistique, repose sur l'utilisation quasi mondiale d'un nombre très restreint de langues que l'on a dénommées « langues mondiales ». Toutes les sociétés ou groupes de personnes qui peuvent les utiliser sont les seuls à pouvoir comprendre leurs propres contextes sociaux, politiques et économiques. Il serait pourtant naïf de croire que tout deviendrait plus accessible ou plus compréhensible pour le néo-alphabète grâce à leurs nouvelles compétences. Des décennies de léthargie et de manque de volonté politique pour promouvoir le domaine ne peuvent effacer aussi rapidement le retard accumulé. En fait, l'alphabétisation que l'on engagerait consisterait d'abord à soustraire l'Afrique de l'absence d'instruction. Il faudrait également, à travers une volonté politique affirmée, mettre en place tout ce qui pourrait contribuer à pérenniser les environnements lettrés qui sont des bases objectives de l'évolution qualitative des sociétés. Viendrait nécessairement ensuite une seconde étape qui viserait l'acquisition des compétences par rapport à l'international, à tout ce qui pourrait contribuer à l'intégration du néo-alphabète dans les mécanismes internationaux d'échanges. Ce qui appelle une extension de l'apprentissage vers les langues dites mondiales. Ce multilinguisme tourné en direction de l'extérieur est nécessaire et indispensable car ce serait seulement de cette manière que l'alphabétisation pourra jouer un rôle décisif et utilitaire. Comme chacun des lettrés des autres continents, le néo-alphabète africain deviendrait de la sorte un acteur incontournable dans la compréhension, la maîtrise et la prise en charge effective des problèmes nationaux et mondiaux. Cela voudrait aussi signifier que la démocratie ne serait plus l'affaire des seuls initiés que sont les intellectuels dispensateurs de leçons de conduite à la majorité analphabète souvent traités en véritables moutons de panurge. Pour y arriver, tous les moyens doivent être alloués par les décideurs, comme ailleurs, pour donner suite à ces premiers acquis en les renforçant par une éducation continue et par extension, à une éducation tout au long de la vie qui réponde aux exigences de développement du monde moderne. C'est dire qu'il va falloir aller vers des actions plus amplifiées et porteuses d'autres valeurs. L'équation mondialisation/alphabétisation suppose donc au départ l'acquisition d'habiletés nouvelles qui, pour des raisons de position sociale dans la vie, n'ont pu exister chez un grand nombre de personnes. D'où l'analphabétisme. Ainsi, développer ces compétences dans les langues locales dans une première étape s'imposait d'abord comme une action politique de premier ordre.

Voilà, tels qu'envisagés, le rôle et le statut des langues africaines. Elles doivent devenir de véritables vecteurs de la communication et du savoir en Afrique au même titre que les parlers étrangers. Mais cela signifie t-il qu'elles peuvent, de la même manière, s'imposer sur le plan international au point de rivaliser avec les langues étrangères à l'Afrique et qui constituent aujourd'hui, pour certaines d'entre elles, ses langues officielles. Ou bien doivent-elles, faute de pouvoir être ainsi reconnues, tomber dans l'oubli ou mourir tout simplement ? La situation privilégiée des parlers issus de la colonisation fait considérer les parlers locaux comme des corps sans vie que certains locuteurs osent à peine utiliser. Tel est le sort de toute langue si aucun effort n'est entrepris, qu'il soit scientifique ou technique, pour la sortir de son état de non développement et si l'on ne donne pas aux recherches linguistiques l'importance requise en octroyant les moyens nécessaires pour entreprendre sa modernisation et son utilisation tant sur le plan officiel national que dans le secteur de l'éducation. Mais la disparition en question, si elle devrait avoir lieu signifierait que seuls les parlers étrangers auraient droit de cité partout. La mort des langues africaines n'aurait donc d'autre signification que l'incapacité de ces dernières à devenir des éléments utilitaires dans tous les sous-secteurs y compris dans le champ très développé des technologies de l'information et de la communication.

L'Afrique, on le sait, n'a pas été le seul continent à avoir subi la colonisation. Sous d'autres cieux et s'agissant de la Corée par exemple, sa langue fut abolie dans toutes les écoles durant la colonisation japonaise. Le seul véhicule du savoir autorisé fut la langue coloniale. La lutte du peuple coréen contre ce système aboutit à la reprise de la place naturelle de la langue coréenne qui s'utilise aujourd'hui partout, à l'école, à travers les technologies de l'information et de la communication, et ce, à côté de la langue internationale qu'est l'anglais. Il en est de même dans la plupart des pays asiatiques de nos jours. Tous ces changements peuvent constituer des points de repères pour les langues africaines car tout parler au monde peut atteindre les objectifs intrinsèques qui sont les siens pourvu que l'on le veuille et que l'on ait également le désir ardent de se battre contre toute forme d'impérialisme linguistique. Les codes linguistiques asiatiques majeurs, puisque ces exemples doivent constituer la boussole pour tous ceux qui doutent encore de la capacité de toutes les langues à véhiculer le savoir, ont investi, par la ténacité des chercheurs et des décideurs, tous les domaines et toutes les techniques de pointe. Il n'existe pas de programmes informatiques et d'inventions techniques dans la plupart de ces pays sans qu'interviennent les langues locales. Elles ne jouent pas, cela est vrai, un rôle prépondérant sur le plan international; un rôle qui puisse les rendre capables de rivaliser avec les langues dites mondiales à l'extérieur mais elles gardent une grande vitalité sur le plan intérieur. C'est donc une autonomie certaine que se sont forgée ces pays sur les plans culturel, scientifique et technique. Face à la mondialisation, il n'existe donc pas de tutelle qui fait systématiquement prévaloir des cultures étrangères sur les leurs propres alors que l'introduction de langues « exogènes » s'est faite dans des conditions identiques à ce qu'elles ont été en Afrique. Le partenariat linguistique clamé ailleurs et jamais observé est bien présent dans ces pays et se réalise, sans grand tapage, dans un contexte véritablement égalitaire et convivial.

C'est ce à quoi conviaient la Charte africaine sur la culture, le Plan linguistique et les autres déclarations qui sont aussi importantes les unes que les autres. Ils appelaient aussi à une autonomie véritable qui aurait pu contribuer depuis longtemps déjà à un développement qualitatif des problématiques culturelle et linguistique en Afrique. Si les structures de recherches terminologiques dans la plupart des pays asiatiques ont réussi à atteindre le niveau scientifique et technique que l'on sait aujourd'hui et qui font de la modernisation des langues leur objectif majeur, il faut se dire que l'on pourrait alors effectivement parler un jour de mort des langues en Afrique si la situation restait en l'état et n'évoluait pas. Mais le niveau des recherches linguistiques atteint aujourd'hui sur le continent africain et les diverses prises de position sont d'heureuses tentatives et de très bonnes perspectives d'avenir pour redonner à ces domaines une certaine importance, d'où les raisons d'espérer encore. Alors, pour qu'elles se régénèrent et soient valorisées, les langues africaines, dans leur ensemble, n'ont pas toutes besoin d'une notoriété internationale. Celle qu'aura choisie l'Organisation panafricaine pourrait et devrait jouer ce rôle. L'essentiel est qu'à l'intérieur de chaque Etat, tout soit mis en œuvre pour que les langues nationales soient réhabilitées. Car il faut aussi se rendre à l'évidence que seules certaines grandes langues seront utilisées sur le plan international. Le swahili dont on a proposé l'utilisation à un niveau supérieur pourrait aisément assumer cette responsabilité pour l'Afrique dont l'affirmation ne sera que plus grande sur l'échiquier mondial. Le continent a des atouts et des richesses que l'on a tendance à oublier pour des « problèmes » qui ne sont, à vrai dire, que conjoncturels. Mais nul ne pourra valoriser cette langue si elle n'est pas portée par les premiers concernés, et ce, à travers l'utilisation qu'ils en feront dans les grandes instances. En tout état de cause, face à la mondialisation, l'absence de pratique ne peut tendre qu'à la mort des langues nationales africaines dans chaque pays africain. Mais, dans le cas contraire, la vigueur qu'elles acquérront viendra de la manière dont on en concevra la revitalisation. Le balisage du multilinguisme sur le continent en ouvrira la voie puis suivront le développement et la modernisation des parlers. Mais la réussite de toute cette entreprise nécessite que soient mis en œuvre un certain nombre de moyens techniques et scientifiques capables de provoquer le changement attendu. Des solutions existent déjà qu'il va falloir faire revenir en surface. Il ne s'agira pas d'en inventer de nouvelles ou de créer des structures supplémentaires. Au niveau de la recherche, par exemple, les départements universitaires chargés du développement linguistique et ceux chargés de l'éducation des adultes seront en première ligne pour le travail envisagé. Pour cela, la formation des ressources humaines doit en constituer le volet principal et l'élément moteur. Dans un monde tel qu'il se présente aujourd'hui, en effet, tout effort qui touche au développement technique, scientifique et social appelle l'acquisition de compétences et de savoirs essentiels. En cherchant à réorganiser l'environnement culturel de l'Afrique à travers la valorisation intensive des langues locales, c'est relever ce défi à tout prix. C'est aussi essayer de battre en brèche les conceptions erronées sur les langues africaines à travers l'environnement que l'on aura contribué à remodeler par l'écrit. Il s'agira, ainsi, de faire entrer les populations alphabétisées dans une ère nouvelle par une meilleure intégration dans la vie sociale, économique et politique nationale et au delà, dans la mondialisation. L'exemple du commerce équitable dont l'initiative est très louable du reste, est là pour témoigner de l'importance de l'éducation et de la formation. Ce sont là quelques exigences pour que l'Afrique puisse se construire pour elle-même et en elle-même. Elles seront aussi le fondement de tout ce qui pourra la sortir de la dépendance qui représente pour l'ensemble de ses populations la cause d'un retard évident qu'il faut nécessairement combler. Redonner vie aux cultures et aux langues locales constituera la voie royale vers l'atteinte de ces objectifs.

L'ensemble des problématiques ainsi évoquées amène à affirmer néanmoins avec certitude que la mondialisation ne peut être en aucun cas un facteur d'affaiblissement ou de disparition des langues locales africaines si une réelle volonté politique existe malgré l'importance que revêt au sein de cet environnement économique la question des relations économiques et des échanges linguistiques. C'est pourquoi Louis-Jean Calvet n'a pas hésité à parler, à juste titre d'ailleurs, de « versant linguistique de la mondialisation ». Mais voilà que les outils linguistiques en question sont largement diversifiés et confèrent à chaque peuple dans le monde ses propres spécificités culturelles et sociales. Des événements particuliers ont fait de certaines d'entre elles, des langues de grande diffusion. D'autres ont purement et simplement disparu ou perdu de leur vitalité. Sur le plan mondial, des langues dites « globales » ont émergé et s'imposent comme les seules capables de donner à la mondialisation sa pleine valeur. L'Afrique quant à elle vit cette diversité d'une façon particulière. Elle a été sujette aux aléas de l'histoire qui, d'une part, ont créé en grande partie les environnements linguistiques existants aujourd'hui et dont l'organisation reste, d'autre part, tributaire de l'inexistence d'actions volontaires et résolues. Le continent africain est donc, à cet égard, soumis aux conséquences de cette double pression. Face à la mondialisation, est-il capable ou a t-il les moyens de créer, pour son propre développement, une communication crédible et productive en dehors de toute tutelle ? Il s'agit, en somme, de se demander si l'Afrique, à travers ses propres cris d'alarme, ses propres inquiétudes et sa volonté maintes fois exprimée, au nom de la diversité culturelle, peut redonner vie à ses codes linguistiques et les doter de la force nécessaire pouvant les faire exister dans le monde. Autant de questions auxquelles chaque acteur doit pouvoir répondre mais y répondre positivement pour ne pas faire des langues africaines des éléments inexistants et de peu de valeur. Car, c'est précisément de cette nouvelle donne politique et économique qu'est la mondialisation et du désir ardent d'y faire face que devra émerger la volonté politique des autorités gouvernementales africaines et de toutes les franges concernées, de faire en sorte que le multilinguisme africain ne soit plus considéré comme une entrave mais un cadre organisé en vue du développement et de la modernisation des langues africaines. L'ensemble des grandes déclarations africaines tant sur la culture que sur les langues connaîtrait dès lors et enfin, si cela advenait, une application effective.

Même si les langues africaines n'acquièrent pas, pour des raisons évidentes de rapports de force, une notoriété internationale, elles devront recouvrer, malgré tout, leur place et seront dans une position de partenariat vrai avec les langues dites « globales ». La mondialisation ne signifiera donc pas mort des langues locales africaines mais une occasion réelle de leur valorisation qui mènera l'Afrique vers une « Aube nouvelle » qui sera pour elle salvatrice. Car la faiblesse du continent est loin d'être uniquement matérielle comme l'on a trop tendance à le croire et à l'affirmer. L'Afrique a besoin d'être elle-même, c'est-à-dire, de s'affirmer à travers ses propres cultures et ses propres langues afin de se détacher de tutelles trop pesantes et réductrices.

CHAPITRE VI

La vision du « Changement » et ses conséquences sur la question linguistique

Il faut dire que la politique linguistique engagée par le nouveau régime béninois dit du « Changement » n'est pas nouvelle. Comme l'on a déjà tenté de le montrer, elle a été proposée de façon officielle et formelle par le régime militaire et « révolutionnaire » sur la base de l'idéologie marxiste-léniniste. Un ministère créé à cet effet en a été le soutien. Des structures chargées de mettre en œuvre cette politique ont été mises en place en conséquence en ce moment-là. La Direction de l'Alphabétisation et de la Presse rurale en l'occurrence. L'intégralité du territoire national se trouvait ainsi investi par les différents programmes d'alphabétisation. Le Bénin pouvait, à cette époque-là, se prévaloir d'avoir été le premier pays en Afrique de l'Ouest à avoir créé un tel ministère qui constituait, en effet, sa fierté malgré l'action nocive et destructrice des opposants au développement des langues nationales. L'Atlas linguistique du Bénin, l'alphabet officiel des langues béninoises etc. ont été, parmi tant d'autres travaux, les succès de cette période féconde en réflexion scientifique. Aujourd'hui, le nouveau régime dit du changement a dû réagir face à la demande pressante des syndicats et de quelques associations dont la grande exigence était l'introduction des langues nationales dans le système éducatif formel. Ce qui a été effectivement fait à l'issue des travaux du Forum sur l'Education. C'est là une action véritablement positive des nouvelles autorités. Mieux encore, un ministère dont la tâche était de conduire les questions linguistiques dans le pays a été à nouveau créé. Ainsi donc, cette structure chargée de réaliser cette vaste entreprise, en collaboration avec l'ensemble de tous les chercheurs linguistes qui s'échinaient depuis des décennies à trouver des solutions à un problème devenu subitement tabou, s'est attelé au travail en prenant au mot le régime politique en place. Mais, malgré les ressources humaines qui existent dans le sous-secteur et peut-être parce qu'il y en a trop, une certaine cacophonie s'est installée, semant le trouble et l'incompréhension dans les esprits. Ceux qui, depuis bien des années abhorraient pareille réforme, à savoir, l'introduction des langues nationales africaines dans le système éducatif, ne pouvaient que se réjouir du désordre constaté qui empêchait la mise en place d'une réflexion sereine sur les bonnes actions à engager pour atteindre les objectifs tracés par le forum dont les résultats étaient appelés à être revus et corrigés. Tant d'erreurs scientifiques ont été ainsi commises aussi et tant de mauvaises affirmations faites sur la question du choix des langues, sur des questions scientifiques fondamentales, sur les moyens matériels et humains à mettre en place dans une opération si délicate. Les problèmes conceptuels prenaient malheureusement de plus en plus d'importance parce que tant de nouveaux venus dans le sous-secteur l'ont pris d'assaut sans connaître les fondements et les objectifs véritables du sous-secteur de l'éducation non formelle. Des démentis, des correctifs ont été apportés pour corriger tous les écarts et petit à petit l'ordre a semblé revenir. L'on a voulu, pour des raisons inavouées, faire disparaître la Direction de l'alphabétisation qui reste pourtant une structure cardinale pour la mise en œuvre de toutes les activités relevant de l'alphabétisation et de l'éducation des adultes. Pour ne pas susciter la colère des personnes bien averties de ces questions, elle est gardée là tel un musée, à l'abandon, avec tout le personnel, sans moyens de travail et sans activités précises. Une structure de substitution dénommée « Mission de Promotion des Langues Nationales » vit le jour avec toutes les ambiguïtés qu'elle ne pouvait que receler. En fait, trop de personnes étrangères au domaine, inconscientes des enjeux véritables, pensaient pouvoir se donner du bon temps à l'intérieur d'un ministère dont le volet alphabétisation devenait véritablement florissant sur le plan de l'investissement matériel et financier de la part du gouvernement et des organisations internationales.

Que le sous-secteur n'ait plus de coordonnateurs formés dans les règles de l'art ou que les documents didactiques soient devenus obsolètes au point de ne plus intéresser personne, tout cela laissait de marbre les brillants chercheurs en andragogie ou les spécialistes en environnement lettré. Ce qui préoccupait, c'était la commande d' « études » tous azimuts même si les situations décrites étaient déjà bien connues de tout le monde. Pourtant, à ce niveau, sans chercher à affirmer que tout est déjà fait en la matière au Bénin, ce qui serait prétentieux, on peut néanmoins dire que le niveau atteint en ce moment au niveau des recherches pourrait servir de base de travail à tous les acteurs du sous-secteur. En effet, le ministère nouvellement créé avait pour mission de moderniser les langues afin d'en faire des outils d'enseignement dans le système formel d'une part et de développer l'alphabétisation et l'éducation des adultes pour répondre à l'appel des Nations Unies dans le cadre de la Décennie des Nations Unies pour l'Alphabétisation et de donner un réel contenu aux objectifs du Millénaire d'autre part. Nobles missions que celles-là parce qu'elles entrent de plain-pied dans toutes les actions qui doivent contribuer à mettre l'« Emergence » prônée sur des bases concrètes et solides. Fort de cela, le ministère chargé de l'alphabétisation a décidé d'introduire les langues nationales dans le système formel quelques cinq mois après sa création. Il n'en fallait pas plus pour que l'inquiétude s'installe, à juste titre d'ailleurs, parce que plusieurs erreurs d'appréciation venaient d'être commises. L'on a oublié que la question linguistique, et ce fut la première erreur, est et demeure une question éminemment politique. Elle nécessite donc de la part de tous ceux qui voudraient s'engager dans sa prise en charge une grande prudence dans la démarche surtout lorsqu'il s'agira d'aborder le volet du choix linguistique. Dire alors que les parlers nationaux seront introduits dans ce laps de temps très court devient une véritable gageure impossible à soutenir, faute de réflexion approfondie sur les démarches envisagées. La deuxième erreur et pas la moindre est le manque de documents didactiques devant servir de bases à cette introduction. A défaut d'en écrire donc, l'on a préféré collecter près des organisations non gouvernementales et des structures religieuses leurs propres documents. Comment peut-on espérer réussir une telle opération sans prendre la moindre précaution méthodologique et technique. Il s'agit là d'un écart pédagogique, en effet, qui ne peut être admis pour l'avancement qualitatif de l'école. Vouloir procéder de cette manière précipitée, c'est brader ou tronquer une partie essentielle de la formation d'une frange importante de jeunes citoyens béninois. Les documents collectés ici et là ne répondent, en effet, à aucune norme pédagogique même s'ils en ont la prétention car l'empirisme qu'ils recèlent n'a d'égal que l'absence de qualification de ceux qui en sont les auteurs. Comme pour tout métier, en effet, un minimum de formation est nécessaire. La troisième erreur est l'absence de sensibilisation des maîtres sensés être les véritables acteurs et vecteurs d'un tel travail, des parents d'élèves afin qu'ils se débarrassent du scepticisme latent qui empêche depuis bien des années la réalisation de ce programme. La quatrième erreur est d'avoir précipité la résolution de la question du choix linguistique dans lequel personne ne se retrouvait et peut-être même pas les linguistes engagés dans l'opération. Enfin, l'on a malheureusement pensé que la formation des maîtres était une réalité secondaire. Face à une telle situation chaotique, un nouveau remaniement ministériel vint sonner le glas de cette aventure, garante pourtant de la réussite des enfants béninois à l'école parce qu'elle devrait être à terme, porteuse de la qualité de l'éducation tant prônée. Triste et lamentable décision qui n'est que la conséquence des incompétences révélées au grand jour en la matière et des non-dits des autorités politiques.

Tels étaient les problèmes que les initiateurs du programme auraient dû s'atteler à résoudre avant toute décision importante afin de lever les goulots d'étranglement et difficultés liés à l'opération. Ce qui aurait également fait disparaître, si tout cela avait eu lieu, les incompréhensions qui ont amené le gouvernement à faire disparaître à la fois, après dix mois d'existence, le ministère et celui qui en était le responsable direct. Ces non-dits furent naturellement liés d'abord aux erreurs signalées que l'on n'a pas cherché à éviter et ensuite à l'action souterraine menée ça et là par tous ceux qui ont intérêt à la non-réalisation du programme parce que touchant à des intérêts importants. C'est le cas de la grande et généreuse Francophonie pour laquelle toute entrave à l'avancement du français doit être combattue et bannie. Pourtant, bien parler et bien écrire la langue de colonisation, c'est d'abord bien maîtriser les structures de la sienne propre. Tous les pédagogues et acteurs de l'école le savent et le confirment. Il y a là une myopie politique que l'on doit, à tout prix révéler au grand jour pour que l'on prenne effectivement conscience de l'importance de la question pour développer ses propres cultures et créer des écoles de qualité pour le plus grand bien des enfants scolarisés. L'aplatissement devant ceux qui gouvernent les pays africains dans l'ombre et qui pourtant ont une grande idée de leur propre idiome est déconcertant. Il est temps que l'on comprenne maintenant que les pays ne peuvent être construits par une infime frange de la société mais qu'ils demeurent la propriété de toutes les couches. Ces quinze ou vingt pour cent de la population béninoise qui pérorent à longueur de journée au rythme d'une musique qu'ils ont rendue totalement désuète, celle du « changement» ou du Bénin « émergent » ou plus récente de la « refondation » sont loin de comprendre les véritables enjeux de ces différents concepts. Pourtant, ceux qui en sont les destinataires sont bien ceux-là qui ont besoin de si peu, qui nous nourrissent et qui nous font la leçon à travers leur bravoure et leur ténacité. Ce sont tous ces analphabètes et leurs progénitures qui ne demandent qu'à vivre comme tous les nantis que la nature a comblés. C'est d'abord à ceux-là qu'est destiné le changement que l'on a le devoir d'engager sur une voie juste. La disparition du ministère de l'alphabétisation comme entité autonome n'est que le reflet de l'incurie des décideurs et de leur incapacité à comprendre et à voir l'ensemble des besoins pressants de leurs compatriotes moins dotés par la vie. N'a-t-on pas entendu d'un piètre journaliste béninois, détenteur, soi-disant du quatrième pouvoir, qualifier le ministère de l'alphabétisation de structure inutile ? Ce journaliste sait-il qu'une une Décennie de l'alphabétisation a été décrétée par les Nations-Unies? Connaît-il les véritables motifs d'une telle décision ? Apparemment, non. Les autorités politiques quant à elles doivent prendre leurs responsabilités face à l'histoire et chercher à comprendre les raisons de la volonté universelle de développer l'alphabétisation et de promouvoir l'éducation tout au long de la vie. Même les grandes Institutions de financement ont fini par y croire et incitent tous les Etats à promouvoir le volet de l'éducation des adultes sans lequel aucun développement n'est possible. L'on peut encore rappeler ici, en guise d'éclaircissement, les paroles du Directeur général de l'UNESCO à l'occasion du lancement de l'activité. Il affirmera notamment que : - *La Décennie des Nations Unies pour l'alphabétisation, dira-t-il, est l'expression de la volonté collective de la communauté internationale [...]. [...]. Trois raisons ont motivé ce lancement : « Un adulte sur cinq dans le monde ne s.ait ni lire ni écrire ;*

- L'alphabétisation est un droit de l'homme. [...] Or, aujourd'hui encore, des millions d'êtres humains ne peuvent exercer ce droit ;

- Les efforts déployés en faveur de l'alphabétisation, aux niveaux national et international, se sont avérés inadaptés.

Ces constats ne sont ni le fait d'une simple association de personnes physiques ni celui d'un seul Secrétaire général ou d'un Directeur général d'une organisation quelconque mais il est le fruit d'une réflexion collective et approfondie de tous les Etats Membres composant l'Organisation des Nations Unies. Toute prise de position devient donc une décision commune dont l'application concerne chaque Etat. Le Bénin y a souscrit et s'y trouve donc impliqué. Il se devait et se doit toujours, en toute responsabilité, de mettre en œuvre le plan d'Action lié à cette Décennie. De plus, les objectifs du Millénaire ne peuvent être évoqués tel qu'on le constate sans que le soit la question de l'analphabétisme qui en constitue un volet important parce qu'étant une des causes objectives de la pauvreté existante. Les nombreux problèmes liés à l'environnement, à la santé, à la politique, notamment la démocratie etc. qui assaillent aujourd'hui les populations, obligent les gouvernants, s'ils ne l'ont encore fait, à s'engager donc véritablement dans cette grande aventure. Mais pour rendre la tâche encore plus facile et abordable, l'UNESCO a donné corps à un programme allégé dénommé : « Initiative pour l'alphabétisation : savoir pour pouvoir (LIFE) ».

Il est « destiné à soutenir l'éducation de base par la promotion des compétences de lecture, écriture et calcul nécessaires à la réalisation de l'éducation pour tous et à accroître substantiellement les possibilités d'alphabétisation dans le cadre de la Décennie des Nations Unies pour l'alphabétisation. » (UNESCO, Paris, 2005).

Où en était le Bénin à la veille de la disparition du ministère chargé de ce sous-secteur ? A cause de toutes les tergiversations, de toutes les indécisions et remises en cause permanentes en son sein, aucune action significative et d'envergure n'avait vu le jour. L'on s'est plutôt contenté de mener des discussions académiques totalement étrangères aux véritables préoccupations des populations et loin de leurs besoins réels. Un fameux comité des experts fut créé pour traiter de tous les problèmes relatifs aux questions linguistiques. Le retard pris dans la mise en œuvre de la Décennie devrait pourtant inciter ces experts à aller plus loin en formant les acteurs de terrain et à mettre à leur disposition tous les documents adaptés, sur le plan de la pédagogie, au nouvel environnement social, politique et économique et actualisés par rapport aux nombreuses nouvelles situations auxquelles fait face aujourd'hui l'ensemble des couches de la société béninoise. Si l'on sait que la révision des syllabaires existants date de plus d'une dizaine d'années au moins, il y a alors urgence à entamer un tel travail. Telle est la situation dont on doit tenir compte pour éviter les concertations inutiles et la formalisation excessive du sous-secteur du non formel. Mais comment pourrait-il en être autrement si les « experts », étrangers pour la plupart au sous-secteur, manquent réellement de technicité.

Au-delà de l'acquisition de nouvelles compétences, l'alphabétisation reste une question éminemment politique et sociale et dont le développement permettra aux populations de faire face, sans grande difficulté, à toutes les situations liées à leur environnement immédiat. Mais, au regard de tous ces impératifs et obligations, que peut-on dire du Bénin aujourd'hui ? Où en est-il dans la mise en œuvre du processus ? Le constat peut être fait qu'il s'est malheureusement illustré par son absence dans ce travail. Le programme LIFE auquel a souscrit le pays vient seulement d'y prendre forme alors que six pays dont le Niger, le Sénégal, l'Egypte et le Maroc s'étaient vu attribuer par l'UNESCO à travers des fonds extrabudgétaires, pour les années 2006 et 2007, environ un million (1.000.000) de dollars US pour sa réalisation. Si l'entité autonome qu'était le ministère de l'alphabétisation n'avait pu rendre au sous sous-secteur son importance et son visage réel, comment cela pourrait-il se faire, maintenant que la tutelle actuelle reste administrativement très ambigüe ? L'on y arriverait seulement si l'Etat conférait aux deux domaines intégrés, à savoir : culture et alphabétisation, la même considération en leur allouant des budgets conséquents et de niveau identique. La réflexion sur ces questions doit nécessairement faire naître au sein de l'équipe gouvernementale l'intime conviction que l'on ne peut parler d'« émergence » sans penser à cet important paramètre qu'est l'éducation des adultes. Ne pas vouloir s'en convaincre, c'est oublier en partie ses responsabilités vis-à-vis des populations que l'on prétend vouloir aider à sortir de la pauvreté.

En tout état de cause, les Organisations internationales viennent de constater au cours de l'évaluation à mi-parcours de la Décennie de l'alphabétisation que la diminution de cinquante pour cent (50%) du taux d'analphabétisme ne sera pas atteinte. Constat alarmant en tout cas parce que le nombre des analphabètes continue de croître de façon exponentielle, hypothéquant ainsi la qualité de l'éducation en général. Car si le pont entre le formel et le non formel n'est pas établi, ni l'un ni l'autre ne connaîtra de développement majeur. L'école, en effet, n'est pas l'affaire des maîtres uniquement mais celle des parents aussi. Or, environ soixante-cinq pour cent parmi ces derniers sont analphabètes.

CHAPITRE VII

Quelques ébauches de solutions

Au cours des grands bouleversements survenus depuis les années 75 jusque vers les années 90, des résultats substantiels ont été obtenus au Bénin dans le sens d'un avancement notable de l'alphabétisation. Après cette période, la léthargie s'est installée dans le domaine. Les raisons en sont multiples. Il y a d'abord les remplacements intempestifs des directeurs chargés de conduire l'alphabétisation dans le pays. Ensuite, le manque de budget propre au sous sous-secteur de l'éducation des adultes en était la cause principale. Mais en dehors de la question budgétaire, on pouvait noter également celle qui touchait à la formation des formateurs. En fait, la vision qui prévalait, à savoir, celle de faire émerger le sous sous-secteur, quel qu'en soit le prix et les difficultés rencontrées, n'existait plus. Ou du moins, tout ce qui a été pensé et mis en œuvre des années durant en matière de développement de l'alphabétisation et qui semblait pourtant positif est resté lettre morte. Enfin, puisque la technicité fait défaut chez nombre d'acteurs, toute réflexion scientifique pour appréhender les problèmes pédagogiques et les nouveaux développements qu'impose le monde actuel, avance très lentement. Le Forum national sur l'éducation et l'idée de création d'un ministère autonome qui en était issue étaient véritablement porteurs d'espoir. Maintenant que tout est à refaire, sur tous les plans, quelques actions urgentes pourraient être proposées qui devraient aller dans le sens d'une reprise en main effective de cette question politique parce qu'il y va de la construction de l'« Emergence » économique du pays.

Ces actions concerneront la réorganisation structurelle de l'alphabétisation liée au domaine de la culture comme elle apparaît maintenant officiellement parce qu'il s'agit d'un retour en arrière déconcertant. En effet, pour conduire les activités d'alphabétisation au Bénin, une direction nationale avait vu le jour et s'était organisée au sein du ministère de la culture. Elle était créée sous le nom de Direction nationale de l'Alphabétisation et de la Presse rurale. La volonté politique qui caractérisait en ce moment-là le régime politique en place avait véritablement fait décoller ce département dans le bon sens. Le travail était décentralisé avec la création de directions départementales à la tête desquelles se trouvaient des directeurs départementaux qui avaient en charge le développement du sous-secteur dans chacune des zones dont ils avaient la charge. Une telle organisation a porté ses fruits et le Bénin pouvait dès lors se classer parmi les pays africains qui avaient à cette époque-là porté l'éducation des adultes à un niveau non négligeable et acceptable malgré la modicité des budgets alloués. La volonté politique était là et tant de réalisations pouvaient se faire sans grande difficulté. Pendant une longue période, par contre, le bénévolat était de rigueur dans les zones décentralisées et aussi dans les grandes villes malgré tous les efforts de la direction générale d'inverser le cours de cet état de choses. Mais sur le plan de la coopération internationale, la Confédération helvétique a été d'un très grand soutien pour les activités d'alphabétisation puisqu'elle fut la principale pourvoyeuse de fonds dans le domaine. Grâce à cette aide bilatérale importante et salutaire, les infrastructures départementales ont été installées et tous les moyens logistiques tels que les matériels roulants ont été régulièrement fournis. Il revenait simplement à la partie béninoise d'organiser scientifiquement le travail sur le terrain. Ce qui se faisait effectivement. Aujourd'hui, au regard de la léthargie que l'on constate, une reprise en main s'avère nécessaire. La stratégie d'ensemble doit être revue. A ce niveau, les responsables du sous-secteur ont tenté d'apporter quelques réponses en imprimant une vision nouvelle à l'action. La Direction de l'alphabétisation s'est vue transformée en Direction de l'alphabétisation et de l'éducation des adultes. La lecture, l'écriture et le calcul n'étaient plus les seules et uniques habiletés à acquérir par l'apprenant mais il faut aller plus loin pour l'aider à s'impliquer réellement dans la vie de la société à travers la transformation qualitative de son environnement.

Mais de la parole à l'acte, il y a eu un gouffre qui n'est pas jusqu'ici comblé à cause d'un manque notoire de volonté politique de la part de tous les acteurs officiels. Par ailleurs, les questions de leadership et les querelles intestines générées par les financements importants que recevait la Direction générale ou ce qui en tenait lieu en étaient la cause fondamentale. Pendant ce temps, heureusement, certaines organisations non gouvernementales impliquées dans les activités d'alphabétisation poursuivaient leur travail auprès des populations. Mais en ce moment où une vision politique nouvelle est née dans le pays et que l'ensemble des autorités politiques semblent être acquises à la cause de l'éducation des adultes, il faut, malgré la suppression incompréhensible du ministère récemment créé pour prendre en charge ces questions, faire revivre de manière urgente les infrastructures depuis si longtemps abandonnées en les réhabilitant sur le plan physique. Car il n'est pas supportable que ces centres, trop chèrement construits, tombent en ruines ; ce qu'aucune raison ne peut justifier, en fait. Dans la mesure où l'éducation reste un tout, il va falloir que l'Etat donne au sous sous-secteur du non formel sa place de choix. La réhabilitation des infrastructures sera alors le premier acte important qui donnera sens aux activités futures. Lorsque ce premier pas aura été posé et que, en conséquence, l'espace de travail aura été ainsi créé, la réflexion sur les volets intellectuel et scientifique constituera, parallèlement, le second acte. Elle devra s'appesantir sur une révision approfondie des documents de travail et de formation notamment. Depuis la création de la direction de l'alphabétisation, le contenu de ces ouvrages a très peu varié et mérite de se conformer aux nouveaux besoins des apprenants car ils sont nombreux. Ils devront aussi aborder l'ensemble des questions relatives à la santé, à l'environnement, aux questions politiques etc. Et c'est bien ce qui constitue et fait la réalité de l'éducation des adultes. Tous les documents didactiques devront donc être repris par l'ensemble des acteurs, à savoir, les responsables de la direction de l'alphabétisation, les facilitateurs, les pédagogues sans oublier les linguistes dont le travail technique tentera de résoudre l'ensemble des difficultés liées à toutes les questions scientifiques. L'actualisation de ces documents de travail utilisés jusqu'alors permettra aux populations de s'adapter au nouvel environnement qui est le leur. Lorsque ce travail sera accompli et validé au cours de rencontres dédiées à cette fin, l'on procèdera à la formation des facilitateurs dont la tâche essentielle sera de donner un contenu au travail préparatoire effectué. Ainsi donc, quelle que soit la structure chargée de conduire les opérations d'alphabétisation au Bénin, et il est fortement souhaitable que ce soit la Direction de l'alphabétisation, il devient urgent qu'une telle démarche organisationnelle se fasse pour qu'une nouvelle ère s'ouvre pour l'éducation des adultes afin que toutes les populations béninoises, sans exception aucune, puissent participer, comme les lettrés, à la construction de la Nation ; car, oublier la frange des 65 à 70% d'analphabètes signifierait que l'on veuille s'engager dans un suicide collectif. Les populations sont disponibles et ne demandent qu'à y participer. Mais il y a malheureusement des préalables à cette participation. Préalables que les autorités ont le devoir impérieux de résoudre. Les pays qui sont déjà venus à bout ou répondu en partie à cette question, l'ont tant et si bien compris qu'au sein de l'Union Européenne par exemple une réflexion sur la question de l'éducation des adultes a abouti à la présentation d'un document intitulé : « Réaliser un espace européen de l'éducation et de la formation tout au long de la vie ». On peut y lire notamment que : « L'éducation et la formation tout au long de la vie ne se réduisent toutefois pas à des aspects économiques. Elles favorisent également la réalisation des objectifs et des ambitions des pays européens, visant à promouvoir l'inclusion, la tolérance et la démocratie. Elles portent en elles la promesse d'une Europe offrant à ses citoyens l'opportunité et la capacité de réaliser leurs ambitions et de participer à la construction d'une société meilleure ». Tout est donc dit à travers une telle déclaration venant de pays développés qui confèrent ainsi à l'éducation des adultes une telle importance. Car même si l'école reste obligatoire dans la plupart des pays composant l'Union, tout n'est pas réalisé et parfait. Il faut donc réfléchir au niveau africain aux moyens à mettre en œuvre pour répondre à la manière dont l'école doit « s'ouvrir davantage à la diversité et lutter efficacement contre l'abandon scolaire » comme l'affirme l'UNESCO dans une note préparatoire à la Conférence internationale de l'éducation qui eut lieu au cours de l'année 2008 à Genève. En participant à cette rencontre, les Africains présents ont, une fois encore, pris la mesure des véritables causes de l'analphabétisme dans leurs pays respectifs. Il en était temps en tout cas.

En effet, si la Conférence de Genève avait inscrit dans son ordre du jour de traiter de ce thème en profondeur, c'est que la déscolarisation, les abandons constituent les véritables causes de l'analphabétisme et les sources de l'augmentation malheureuse de son taux. C'est bien pour ces raisons que les démarches méthodologiques doivent être revues dans le formel en y introduisant notamment les langues locales comme supports et pourquoi pas, vecteurs de l'instruction. Ce fut l'un des objectifs fondamentaux du ministère de l'Alphabétisation et de la Promotion des langues nationales créé et disparu quelques mois après. Mais l'introduction des langues locales dans le système formel requiert d'abord qu'il existe une vision claire et concrète de l'objectif à atteindre et ensuite la mise en place d'une organisation minutieuse des étapes à suivre.

Des démarches méthodologiques existent et pourraient valablement être expérimentées. Ce cheminement comporte cinq grandes étapes :

- *L'élaboration d'un schéma directeur expérimental ;*
- *L'action de sensibilisation des agents de la réforme et des populations*
- *L'action de formation des agents de la réforme ;*
- *La mise en place de structures de conception, de production, de diffusion et de gestion d'outils pédagogiques ;*
- *La mise à l'étude d'un cadre juridique, administratif, financier et technique de la réforme.* [41]

Des résultats tangibles auraient pu être obtenus et les autorités politiques acquises à la cause si l'impatience des uns et des autres n'avait pas pris le dessus. Même les expériences extérieures n'ont pas eu raison des certitudes de certains chercheurs béninois qui ont réussi à mener l'opération à l'échec. Aujourd'hui que tout semble difficile tant pour la qualité de l'éducation formelle de base que pour celle des adultes à travers le sous-secteur du non formel, que faut-il envisager à nouveau ? La seule démarche reste la sensibilisation continue de tous les

---

[41] Joseph Poth, *L'Aménagement linguistique en contexte éducatif plurilingue*, p. 12, Centre International de Phonétique Appliquée, Mons, guide pratique Linguapax n°1

acteurs ainsi que des décideurs qui se doivent d'examiner la question avec esprit de clairvoyance et d'honnêteté pour comprendre que la vie de milliers d'enfants et d'adultes est en jeu et que le concept d'émergence ne pourra connaître sa pleine réalisation qu'en cherchant à résoudre et à aplanir l'ensemble des difficultés. La qualité de l'éducation en dépend. Mais aujourd'hui que le premier acte a pris fin à travers la suppression du ministère, qu'envisage-t-on de réaliser au sein du nouveau ministère de tutelle ?

Après beaucoup de tergiversations et de temps perdu, une nouvelle démarche pour la relance des activités d'alphabétisation est encore apparue. Elle ne constituait pas comme cela aurait dû l'être, le fruit d'une réflexion des acteurs. Mais elle émane du ministre en charge de la question et de ses conseillers directs. Consignée dans un document plus que succinct, elle brilla par une superficialité indicible qui montrait le niveau atteint dans l'absence d'une prise de conscience véritable de la question de l'illettrisme au Bénin. Depuis la Conférence de Téhéran jusqu'à ce jour, l'ensemble des Etats membres des Nations-Unies devraient pouvoir faire le bilan exhaustif des actions menées dans le cadre de l'alphabétisation. Au lieu d'une rétrospective bien pensée et d'une réelle politique prospective d'alphabétisation dûment élaborée, les autorités ministérielles ont choisi de faire redescendre le pays vers les années d'avant l'indépendance caractérisées par la recherche d'une voie désuète et totalement éculée. Si l'alphabétisation ne se réduisait uniquement qu'à la possibilité de lire et d'écrire dans sa langue, alors le Bénin a beaucoup d'efforts à fournir encore pour atteindre son niveau d'antan car l'on doit pouvoir aujourd'hui aller au-delà de ces compétences pour atteindre le niveau de l'éducation tout au long de la vie. Le pays n'est plus en période expérimentale parce que pour avoir choisi de se doter d'une direction chargée de l'alphabétisation et de l'éducation des adultes, c'est qu'un grand pas a déjà été franchi. Il n'est pas admissible de faire fi du passé et d'ignorer les actions utiles et nécessaires déjà faites pour sortir les franges de la population ainsi démunies de leur situation. Il est tout aussi inadmissible que l'on puisse encore confondre les différentes notions que sont l'informel et le non formel, l'alphabétisation et l'introduction des langues dans le système formel. Ce qui rend incompréhensible certaines actions proposées. Il est donc temps maintenant que les autorités administratives et politiques comprennent l'importance de l'éducation des adultes. Vouloir persister dans ce qui constitue une véritable myopie politique, c'est hypothéquer le développement et au-delà l'émergence économique. Pour remédier quelque peu à ce manque, il est urgent qu'un véritable état des lieux se fasse avec l'ensemble des acteurs car avec la banalisation constante de ce sous-secteur de l'éducation des adultes, c'est toute une frange de la société béninoise qui se trouve de sorte bafouée, méprisée et exclue du processus de développement. S'agissant de l'introduction des langues nationales dans le système éducatif formel, il va falloir là aussi en fixer d'abord les objectifs. L'introduction des langues nationales dans le système éducatif ne signifie nullement alphabétisation des élèves comme on peut le lire dans la « vision » en question. Car l'école requiert une autre démarche que l'on ne nommera pas « alphabétisation ». Confondre les deux notions est bien révélateur de l'état d'esprit qui règne dans le pays par rapport à l'éducation des adultes et par rapport à l'introduction des langues nationales dans le système formel. D'autres pays en Afrique l'ont tant et si bien fait que la qualité de l'apprentissage chez l'enfant s'en ressent effectivement et qualitativement. Il fallait, en effet, comme l'ont démontré les chercheurs engagés dans cette tentative d'introduction des langues nationales dans le système formel au Burkina Faso, définir les objectifs que l'on voudrait s'assigner pour la conduite de l'expérience. Ils sont de plusieurs ordres, à savoir:

- Démocratiser l'éducation de la petite enfance […].

- Améliorer la qualité des services et prestations au profit des enfants âgés de 3 à 6 ans […].

- Suivre sur le plan sanitaire et nutritionnel […].

- Faire acquérir très tôt de nouveaux comportements afin de minimiser l'impact des préjugés et stéréotypes sexistes.
- Stimuler l'éveil et le développement des aspects cognitifs et psychoaffectifs […].
- Développer un bilinguisme précoce […].
Etc.

C'est bien là, entre autres exigences, ce qui devrait constituer le véritable point de départ d'un tel travail. Alors, en définitive, l'on pourrait affirmer que la « vision du ministre » aurait dû être mieux pensée pour éviter d'être en deçà de tout ce qui a déjà été accompli dans le domaine ailleurs. Dans l'environnement de crise que vit le monde entier aujourd'hui, les populations béninoises, du moins la frange analphabète, doit bénéficier d'une éducation de qualité pour faire nombre avec la minorité intellectuelle pour la construction du pays. Par ailleurs, le Bénin n'a pas besoin d'une campagne d'alphabétisation en ce moment comme l'affirme le ministre. Car une campagne est un exercice exceptionnel limité dans le temps et avec une organisation tout aussi spécifique. Heureusement, ce programme, comme l'on pouvait s'y attendre, a fait long feu. Il urge, par contre, maintenant, de poursuivre les tâches commencées depuis tant d'années et d'en améliorer la conduite à travers des actions très précises dont les principales sont entre autres : l'actualisation des documents didactiques et d'apprentissage et la formation des formateurs. Les ressources humaines existent et en nombre suffisant pour mener à bien ces actions. Une vision nouvelle concernant l'alphabétisation et l'éducation des adultes doit être l'émanation d'une réflexion d'ensemble d'où sortiront toutes les propositions de textes juridiques à mettre en application. C'est dans cette optique que l'on doit saluer l'avènement d'une Déclaration dite de politique nationale d'alphabétisation et d'éducation des adultes au Bénin dont il a été question plus haut. Une vision qui, si la volonté politique existe, devrait être mise en application dans les meilleurs délais. Elle est, comme le souligne la préface, « […] un rempart contre l'improvisation qui a caractérisé le pilotage et la gestion du sous sous-secteur de l'alphabétisation jusqu'à une époque récente. En d'autres termes, ce document est l'instrument par excellence qui indique la voie, donne les orientations, expose la vision et pose les balises pour les actions futures en alphabétisation et en éducation des adultes […] »[42]. Il faut donc se réjouir d'un tel changement d'orientation qui fera certainement de la promotion de l'éducation des adultes une réalité. Si les nations développées se sont engagées depuis de nombreuses années dans l'éducation des adultes avec tant de

---

[42] *Déclaration de politique nationale d'alphabétisation et d'éducation des adultes*, Ministère de la Culture, de l'Alphabétisation et de la Promotion des Langues Nationales, Octobre 2010, version corrigée après validation interne.

sérieux et avec l'espoir de briser définitivement le carcan de l'ignorance, c'est bien parce que la survie de leurs populations et leur développement continu sont d'un enjeu capital pour la réussite de leur politique culturelle et économique. Personne, en effet, ne saurait le nier et encore moins dans les pays africains. Pourtant, l'on ne semble pas encore avoir pris la mesure de l'importance de ce sous-secteur. L'on a déjà tant décrit cette situation et les causes des difficultés existantes mises en évidence. Bien sûr, personne ne peut oublier les urgences auxquelles le continent fait face. Les pandémies, la faim, les déplacements forcés, sans fin, de populations dans des zones de guerre. Tout cela détourne effectivement l'attention des décideurs politiques des vrais enjeux qui sont ceux du continent en ce vingt-et-unième siècle. Heureusement, à ce niveau, on commence, malgré tout cela, à en prendre conscience car l'on ne peut longtemps continuer de vivre dans une telle atmosphère et dans des environnements de pauvreté matérielle et physique d'une telle ampleur.

Les richesses dont dispose l'Afrique devront permettre, sans nul doute de donner à l'éducation ses lettres de noblesse car seule sa promotion deviendra le rempart contre ces différents fléaux. Et si, par surcroît, la vision politique et économique demeure l'émergence économique, cela signifie qu'elle sera «un puissant instrument de gestion pour les autorités gouvernementales […] » qui fixent « à toute la société un objectif intermédiaire à atteindre sur une période relativement courte (moins d'une décennie), dans le cheminement vers le développement intégral » (moubaraklo.blog.lemonde fr/page/4). Le temps est donc venu pour le continent de se remémorer ce qu'ont déclaré les responsables politiques africains lors des « Assises de l'Afrique » à l'UNESCO, à Paris en Février 1995: « l'Afrique devra de plus en plus, diront-ils, compter sur ses propres forces. [Car] Il faut souhaiter que cette situation lui ouvre définitivement les yeux et lui donne une conscience éclairée, pour qu'elle puisse prendre son destin en mains et se persuader que son avenir véritable réside dans la capacité de ses enfants à concevoir, à forger et à valoriser les mécanismes d'un renouveau de libération et de progrès […] »[43].

Oui, le « renouveau de progrès » ne pourra advenir que lorsque l'éducation, en général, connaîtra son point culminant par la valorisation effective et le développement sans faille de l'éducation des adultes. Cela signifie, en l'occurrence, que tous les sous-secteurs, à savoir, l'éducation formelle et l'éducation non formelle devront bénéficier d'une attention particulière plus qu'ils ne le sont aujourd'hui, cinquante ans après les

---

[43] *Les Assises de l4Afrique, le développement social : les priorités de l'Afrique.* Rapport final, UNESCO, Paris, 610 février 1995.

indépendances. Dans l'enseignement primaire, les formateurs doivent pouvoir mériter ce titre à travers une formation sérieuse, de durée raisonnable et non sous la forme d'un saupoudrage comme on le constate malheureusement en ce moment du fait des fameuses conditionnalités édictées par les organismes de financement internationaux. depuis les années 90, même s'ils doivent se plaindre à l'unisson, avec les pays concernés, de la mauvaise qualité de la formation. Il urge donc dans ce cas de prendre son destin en main en décidant soi-même de ce qui devrait être et de ce qui devrait convenir à chacun des pays concernés. Dans cette optique, la politique d'il y a quelques années pourrait constituer un exemple à suivre. L'émergence a tant besoin de spécialistes dans tous les domaines et dans tous les secteurs d'activités. Attendre trop longtemps pour en prendre conscience signifierait que l'on serait alors obligé, comme le font déjà certains pays, d' « importer » des ressources humaines des pays qui ont su prendre à temps leurs responsabilités. L'Etat doit alors véritablement jouer son rôle d'organe de contrôle de la qualité de la formation à travers les structures créées à cet effet. Ainsi, à tout Seigneur tout honneur, l'audit des institutions d'enseignement supérieur d'état du Bénin doit être réalisé et les formations mieux orientées suite aux conclusions qui en sortiraient. Au-delà de cette action, tout doit être mis en œuvre pour placer la qualité au centre des préoccupations dans les centres et universités privées dont le nombre très élevé à l'heure actuelle reste très inquiétant. Les centaines de diplômés qui en sortent chaque année font poser beaucoup de questions quant au sérieux des études et quant à la qualité des enseignants. Qui sont-ils ? D'où viennent-ils ? Comment sont ils recrutés ? Car délivrer des diplômes de licence et de master à des centaines d'étudiants le même jour ressemble plutôt à une fête foraine qu'à une véritable fête académique. Tout cela justifie donc que le Ministère concerné ait un œil régulateur sur toutes ces activités afin que le Bénin ne devienne un pays de diplômés sans réelles connaissances parce que l'éducation est abandonnée aux mains de quelques commerçants véreux, propriétaires d'écoles supérieures et d'universités privées. Lorsque les mesures nécessaires auraient été prises et bien conduites, l'on se rendra alors très vite compte que les universités et grandes écoles à l'étranger regorgeront à nouveau d'étudiants béninois bien aguerris.

Domaine dit holistique, le secteur de l'éducation devra intégrer l'ensemble des sous-secteurs. Il faut alors s'astreindre à résoudre toutes les questions qui pourraient le bloquer. Et l'essentiel de ces entraves demeure le problème linguistique, notamment le multilinguisme qui caractérise la plupart des pays africains. Car, de quelle manière, en effet, pourrait-on envisager l'évolution qualitative de la société si les outils qui constituent les bases fondamentales du développement, les langues en l'occurrence, ne sont ni façonnés ni organisés. Malgré la disparité qui les caractérise, ces parlers sont tous appelés à cheminer nécessairement dans une synergie productive et exemplaire au sein du multilinguisme existant. Et pour le rendre plus acceptable encore et débarrassé de tout conflit qui caractérise pareilles situations, l'on a déjà tenté de montrer que malgré les difficultés et les pièges inévitables, le terrain peut être effectivement balisé. Il faut aussi que l'Afrique puisse s'adapter mieux qu'elle ne le fait, à la mondialisation en faisant en sorte que l'ensemble de ses populations ait un niveau culturel requis pour faire face à toutes ses difficultés, qu'elles soient politiques ou économiques. Le continent a besoin d'être lui-même en s'affirmant. Ainsi, en développant, comme l'on a tenté de le faire tout au long de la présente réflexion, le contenu des différents sous-secteurs de l'Education, l'on a simplement voulu, s'agissant du Bénin, mettre en exergue les problèmes cruciaux qui le caractérisent en ce moment, et qui l'assaillent. Mais, au cours des cinquante prochaines années d'indépendance dans lesquelles l'on est entré de plain-pied, il va falloir tout mettre en œuvre pour que l'éducation devienne le socle indispensable du développement du pays. Les ressources humaines ont en effet besoin d'être mises en place dans tous les domaines d'activité sans exception. Tel sera le défi que devront relever les décideurs pour que l'« Emergence » économique se réalise un jour. Cela signifie donc que, malgré le titre de quartier latin que porte le Bénin, les nouvelles générations ont besoin d'être véritablement prises en charge. Et cela ne pourrait se faire qu'à travers une réorganisation pertinente du système éducatif, de l'éducation de base jusqu'à l'enseignement supérieur. Mais un système qui ne peut être repensé que par les Béninois eux-mêmes dans un cadre interafricain et non par des tutelles extérieures au continent, si généreuses soient-elles. La réorganisation préconisée ici ne concernera pas seulement le formel mais elle touchera indiscutablement aussi le non formel pour que l'ensemble des populations analphabètes voient enfin le bout du tunnel afin qu'elles aient aussi leur mot à dire pour changer le cours des choses et peser véritablement dans la balance comme partout ailleurs, partout où l'analphabétisme reste un souvenir lointain malgré des poches que l'on peut malgré tout constater ici et là mais que l'on essaie rapidement d'éradiquer. Ainsi, de la base à l'éducation des adultes, aucun maillon ne doit manquer pour faire de l'homme béninois ce qu'exige une politique tournée vers l'avenir. Car, les pays qui ont atteint cette étape, comme l'affirme J. Delors, *sont ceux [...] qui, d'une manière générale, ont investi le plus dans le développement de l'éducation, sous des formes adaptées à leur situation culturelle, sociale ou économique particulière.*[44] C'est à tout cela que devront s'adonner maintenant l'ensemble

---

[44] Jacques Delors, *op. cit.* p.77

des décideurs présents ou qui ont la prétention de le devenir demain. Car tel que le disait Kwame Nkrumah au Sommet des Chefs d'Etats de l'Organisation de l'Unité Africaine en mai 1963 : *Les ressources sont là. Il nous appartient de les mobiliser pour les consacrer au service actif de nos peuples. Si nous ne le faisons pas au moyen d'efforts concertés, dans le cadre de notre planification commune, nous ne progresserons pas au rythme qu'exigent les événements d'aujourd'hui et la volonté de nos peuples.*

Le tout n'est donc pas de se livrer, à longueur de journée, à un jeu faussement politique ou se livrer à un verbiage politique creux en oubliant l'essentiel ; en oubliant qu'il faut « reconstruire la société » en sortant des « maux qu'il nous faut vaincre nécessairement, parce qu'ils nous « plombent », et nous astreignent à rouler l'énorme rocher jusqu'au sommet de la montagne (ou presque), et à le regarder ensuite dévaler la pente, dans un éternel recommencement, comme si le mal béninois était une version actualisée du mythe de Sisyphe », comme l'affirme A. Houngbédji[45].

---

[45] Adrien Houngbédji, *Il n'y a de richesse que d'hommes*, p. 11, 2005, Ed. L'Archipel.

Notes bibliographiques

Allègre, Claude. 2003. « Exception culturelle ». Dans : « *L'Express* », 31 juillet : 12.

Baer, Jean-Michel. 2003. « Une règle en quête de contenus ». Dans : *Cahiers En Temps Réel*, numéro 11 : 132.

Bellon, André. « Dieu créa la mondialisation… » Dans : Le *Monde diplomatique*, numéro 11694 : 3638.

Bhola, H.S. 2004. « Employer l'éducation des adultes pour réduire le pauvreté : analyse politique du point de vue de la théorie des systèmes ». Dans : *Education des adultes et Développement*, 62 : 1326.

Burnet, Mary. 1965. *La bataille de l'alphabet*. Paris : UNESCO.

Calvet, Louis - Jean. 1987. *La guerre des langues et les politiques linguistiques*, Paris : Payot.

_____, 2001. Le versant linguistique de la mondialisation. Dans : *Le Monde diplomatique*, numéro 10390 : 22.

Charmes, Jacques. 1991. « Multilinguisme et Développement ». *Cahiers des Sciences Humaines*, ORSTOM 27 (34) : 299303.

Centre National de la Recherche Scientifique (CNRS). 1981. *Les langues dans le monde ancien et moderne, Afrique subsaharienne, Pidgins et Créoles.* Sous la Direction de Jean Perrot. Paris : Centre National de la Recherche Scientifique.

Delors, Jacques. 1996. *L'éducation : Un trésor est caché dedans.* Rapport à l'UNESCO de la Commission sur l'éducation pour le vingt-et- unième siècle. Paris : UNESCO.

Diagne, Pathé. 1977. « Renaissance et problèmes culturels en Afrique ». Dans : *Introduction à la culture africaine : Aspects généraux. Prolégomènes* par Alpha I. Sow et al. 213299. UNESCO.

Ferguson, Charles. 1968. « Language Development ». Dans : *Language Problems of Developing Nations*, ed. by Joshua A. Fishman, Charles A. Ferguson, and Jyotirindra Das Gupta, 2734. New-York: Wiley.

Hazoumê, Guy-Landry. 1972. *Idéologies tribalistes et nation en Afrique : le cas dahoméen.* Paris : Présence Africaine.

Hazoumê, Marc-Laurent.1993. *Politique linguistique et développement, cas du Bénin* ». Cotonou : Ed. Les Flamboyants.

_____,2004. *Désentraver l'alphabétisation. Plaidoyer pour une vision politique de sa promotion.* Hambourg : Institut de l'UNESCO pour l'Education.

Houngbédji, Adrien. *Il n'y a de richesse que d'hommes.* Ed. L'Archipel, France. Le Monde diplomatique.

Obanya, Pai. 1999. « The Dilemma of Education in Africa ». Dakar : Bureau Régional Afrique pour l'Education en Afrique, Dakar, Sénégal.

Poth, Joseph. 1997. *L'aménagement linguistique en contexte éducatif plurilingue* (version Afrique. Mons : Centre International de Phonétique Appliquée.

Robert, Anne-Cécile. Fév.2010. « De Conakry à Nairobi, les Africains votent mais ne décident pas ». *Le Monde diplomatique.* »

UNESCO, 1995. *Les Assises de l'Afrique*, le développement social : Les priorités de l'Afrique. Rapport final : UNESCO.

L'Afrique
aux éditions L'Harmattan

UN REGARD INQUIET SUR L'AFRIQUE NOIRE
Le triomphe du vice dans l'économie mondiale
Bolouvi William
«Pourquoi les économistes ne disent-ils pas sans détour aux gouvernants des pays d'Afrique noire ce qu'il faut faire en définitive pour sortir de l'état de sous-développement ? «A l'aide du réalisme de Balzac, l'auteur fait redécouvrir la clé du démarrage économique de l'Europe du XIXe siècle. Néanmoins, le «déficit moral» caractérisant le comportement des marchés tend à mettre en péril, au Nord, la croissance perpétuelle ; au Sud, il risque d'étouffer le processus de développement lui-même.
(Coll. Etudes africaines, 16.50 euros, 166 p.)   ISBN : 978-2-296-96225-5

MOUAMMAR KADHAFI ET LA RÉALISATION DE L'UNION AFRICAINE
Essé Amouzou
Lentement, mais sûrement, Mouammar Kadhafi a préparé d'arrache-pied les Etats-Unis d'Afrique - cette gigantesque ambition politique au début des indépendances des pays africains est devenue une réalité concrète. L'Union Africaine regroupe aujourd'hui la quasi-totalité des pays du continent, l'engagement de la Libye aux côtés des autres pays d'Afrique, en matière d'aide, est réel et reconnu.
(Coll. Etudes africaines, 25.00 euros, 238 p.)   ISBN : 978-2-296-96618-5

BANQUES AFRICAINES FACE AUX DÉFIS DE LA MONDIALISATION ÉCONOMIQUE
Analyse prospective du ratio prudentiel en République Démocratique du Congo
Bahati Lukwebo Modeste
Situées au coeur de l'activité économique et financière des nations, les banques commerciales occupent la fonction d'agent économique, tant leurs activités touchent producteurs et consommateurs dans leur vécu quotidien. Une règlementation rigoureuse est indispensable en vue de protéger les épargnants et de s'assurer de la viabilité et de la stabilité du système bancaire, ainsi qu'un contrôle permanent sur les plans institutionnel, externe et interne.
(30.00 euros, 300 p.)   ISBN : 978-2-296-96362-7

ART (L') DU VERBE DANS L'ORALITÉ AFRICAINE
Derive Jean
Ce livre expose les caractéristiques propres à ce mode de culture spécifique qu'est l'oralité africaine. Celui-ci est tout d'abord envisagé dans sa pratique. Il est ensuite étudié dans ses fonctions socioculturelles, notamment dans son rôle de contre-pouvoir pour certaines catégories sociales (femmes, enfants,

gens de caste...). La culture mandingue y est étudiée de façon particulièrement approfondie.
(Coll. Oralités, 23.50 euros, 226 p.) ISBN : 978-2-296-96621-5

BROUSSARD OU LES ÉTATS D'ÂME D'UN COLONIAL SUIVIS DE SES PROPOS ET OPINIONS
Delafosse Maurice - Présentation de Jean-Claude Blachère avec la collaboration de Roger Little
Acteur et témoin de la conquête et de l'installation coloniales en Afrique de l'ouest, Delafosse fut particulièrement bien placé pour évoquer les temps héroïques de la construction de l'Empire. Une présentation allègre par le biais de dialogues imaginaires pimentés de quelques paradoxes et relevés çà et là d'un humour volontiers caustique en rendent, encore aujourd'hui, la lecture utile et agréable.
(Coll. Autrement mêmes, 24.00 euros, 214 p.) ISBN : 978-2-296-96643-7

REPENSER LES RELATIONS EUROPE-AFRIQUE AVEC MARC SANGNIER
ET EMMANUEL MOUNIER
Au-delà des polémiques coloniales
Rubuguzo Mpongo Abbé Roger
Préface de Guy Avanzini, avant-propos d'Anicette Sangnier
Ce livre est un essai d'analyse éthique des rencontres interculturelles à partir des « textes africains » de Marc Sangnier (1873-1950) et d'Emmanuel Mounier (1905-1950). L'auteur s'intéresse particulièrement aux regards que ces deux Français portaient, à leur époque, sur l'Afrique : leurs questions viennent comme pour éclairer, en les interpellant, les relations Europe-Afrique.
(Coll. Harmattan Grands Lacs, 27.50 euros, 276 p.) ISBN : 978-2-296-57003-0

PEUPLES (LES) D'AJATADO (ACCRA ET LAGOS) (TOME 1)
Des origines à la rencontre avec l'Occident et le Christianisme au XVè siècle (sources écrites)
Pazzi Roberto
Douze pièces d'archives de la marine portugaise du XVe siècle apportent aujourd'hui un éclairage fondamental à l'histoire des peuples issus d'Ajatado, une cité royale située à la frontière Togo-Bénin, à 100 km de la côte. Mais ces documents ne révèlent l'énigme de leur toponymie que sous l'éclairage de la tradition orale des autochtones, ceux qui ont déposé dans la mémoire collective les images de leur première rencontre avec les navigateurs européens, débarqués entre Accra et Lagos en 1472.
(25.00 euros, 242 p.) ISBN : 978-2-296-96708-3

PEUPLES (LES) D'AJATADO (ACCRA ET LAGOS) (TOME 2)
Des origines à la rencontre avec l'Occident et le Christianisme au XVè siècle (sources orales)
Pazzi Roberto
La ville royale d'Ajatado est née vers le XIIe siècle, de la rencontre entre des aborigènes, métallurgistes du fer, et une dynastie venant de Djenné (Mali). Remontant à l'ère pré-chrétienne, la cité d'or portait, avant l'arrivée de l'Islam

au Xe siècle, un toponyme qu'Ajatado garde encore de nos jours dans ses traditions orales, ce qui fournit une clé d'interprétation des sources arabes méditerranéennes qui font mention de ce nom de ville à partir de 891.
(25.00 euros, 246 p.) ISBN : 978-2-296-96709-0

INVENTION (L') DE L'HOMME NOIR
Une critique de la modernité
Betche Zachée

Cet ouvrage est une critique des regards portés sur l'homme noir, à la fois par l'autre et par lui-même. Se situant dans des temporalités différentes, l'auteur nous invite à interroger les imaginaires qui ont consciemment ou inconsciemment construit l'image du Noir. Cet essai se veut une contribution à la réflexion du devenir noir, indissociable de l'humanité entière. Seront convoquées de nombreuses sources, telles l'histoire, l'anthropologie et la philosophie.
(Coll. Points de vue, 18.00 euros, 184 p.) ISBN : 978-2-296-96694-9

POLITIQUE (LA) EUROPÉENNE DE SÉCURITÉ ET DE DÉFENSE EN AFRIQUE CENTRALE
Dynamique de construction, expérimentation et appropriation locale
Nguembock Samuel
Préface du Pr Narcisse Mouelle Kombi

Cet ouvrage apporte une contribution majeure dans la réflexion sur les relations entre l'Union européenne et l'Afrique, notamment sur les questions de sécurité et de défense. Il analyse les capacités et la cohérence institutionnelle des Etats partenaires, en l'occurrence ceux de l'Afrique centrale, et s'interroge sur l'efficacité de cette coopération.
(Coll. Etudes africaines, 23.00 euros, 240 p.) ISBN : 978-2-296-96063-3

AFRIQUE (L') ET LE DÉFI DE LA SECONDE INDÉPENDANCE
Djereke Jean-Claude
Préface du professeur SERY Bailly

Dix-sept pays d'Afrique francophone ont célébré en 2010 le cinquantenaire de leur «indépendance». Cinquantenaire globalement jugé négatif, parce que la majeure partie des Africains manque d'eau potable, d'électricité, de routes praticables, d'écoles, de dispensaires, d'assurance-maladie, etc. Que s'est-il passé pour aboutir à un tel résultat ? Qu'est-ce qui a empêché ces pays de «décoller» ?
(Coll. Harmattan Côte-d'Ivoire, 17.00 euros, 166 p.) ISBN : 978-2-296-96939-1

AFRIQUE (L') DANS UN MAELSTROM
Tenesso Armand

Comment accomplir la révolution des mentalités en Afrique et dans le monde, sans dénoncer l'Histoire, le capitalisme, la colonisation, l'instrumentalisation des religions, le silence complice de l'Occident sur la gouvernance exécrable des chefs d'État africains, riches de nombreux milliards volés à leur peuple qui meurt de faim, de maladie et d'ignorance ? Pourquoi maintenir les termes des échanges Nord-Sud, en sachant qu'ils sont déséquilibrés et pipés ?
(Coll. Points de vue, 18.00 euros, 184 p.) ISBN : 978-2-296-96465-5

URGENCES (LES) AFRICAINES
Réécrire l'histoire, réinventer l'Etat
Tamekamta Alphonse Zozime
Après 50 ans d'indépendance, les États africains s'engagent encore sur les sentiers de la démocratie et du développement. Entre commémoration et refus de s'émanciper, ce livre poursuit une analyse politique et historique de la sociologie du pouvoir en Afrique.
(Coll. Études africaines, 21.50 euros, 216 p.)   ISBN : 978-2-296-96371-9

CINQUANTE ANS APRÈS LES INDÉPENDANCES, QUEL HÉRITAGE POUR LA JEUNESSE AFRICAINE ?
Atouda Beyala Patrick
L'Afrique est aujourd'hui un géant en gestation. La question de la jeunesse africaine, principale héritière du continent, devient donc une préoccupation névralgique. L'Afrique peut-elle offrir un espoir aux jeunes générations en perte de repères et désespérées ? Le monde bouge et plusieurs indicateurs sont au rouge, signes précurseurs des grands défis qui attendent les jeunes d'Afrique.
(Coll. Points de vue, 15.50 euros, 148 p.)   ISBN : 978-2-296-96201-9

RELATIONS (LES) ENTRE LE CANADA, LE QUÉBEC ET L'AFRIQUE DEPUIS 1960
Relations between Canada, Quebec and Africa since 1960
Sous la direction de Jean-Bruno Mukanya Kaninda-Muana
Cinquante ans après les indépendances, l'Afrique est-elle encore une priorité pour le Canada et le Québec ? Sa coopération avec l'un et l'autre a-t-elle atteint l'âge de la maturité ? Les relations entre les trois ont-elles un avenir ? Ce livre veut contribuer à aider le Canada, le Québec et l'Afrique à mieux se connaître et mieux se comprendre afin de mieux coopérer.
(Coll. Études africaines, 20.00 euros, 206 p.)   ISBN : 978-2-296-96197-5

GUÉRISON ET RELIGION EN AFRIQUE
Mbonimpa Melchior
La modernité laïque voudrait que seules la biomédecine et les diverses méthodes «scientifiques» de thérapie psychologique s'occupent de la santé des humains. Pourtant, même au coeur de l'Occident contemporain, les «religions de guérison» ont encore des adeptes. L'interpénétration du religieux et du médical est un phénomène universel et, en Afrique, la thérapie joue abondamment sur les zones de contact, de superposition et de fusion entre les domaines du religieux et du médical.
(Coll. Études africaines, 13.50 euros, 118 p.)   ISBN : 978-2-296-96817-2

AU PAYS DE LA PAROLE
Grappaf
Le Grappaf se situe à contre-courant des certitudes portant sur l'infériorité des cultures orales d'«hommes sans histoire». Ses membres de tous horizons se sont réunis autour de cet ouvrage pour parler de la famille africaine, des tradithérapies, ainsi que de cultures et traumas.
(Coll. Psychanalyse et traditions, 43.00 euros, 448 p.) ISBN : 978-2-296-96968-1

L'Harmattan, Italia
Via Degli Artisti 15; 10124 Torino

L'Harmattan Hongrie
Könyvesbolt ; Kossuth L. u. 14-16
1053 Budapest

Espace L'Harmattan Kinshasa
Faculté des Sciences sociales,
politiques et administratives
BP243, KIN XI
Université de Kinshasa

L'Harmattan Congo
67, av. E. P. Lumumba
Bât. – Congo Pharmacie (Bib. Nat.)
BP2874 Brazzaville
harmattan.congo@yahoo.fr

L'Harmattan Guinée
Almamya Rue KA 028, en face du restaurant Le Cèdre
OKB agency BP 3470 Conakry
(00224) 60 20 85 08
harmattanguinee@yahoo.fr

L'Harmattan Cameroun
BP 11486
Face à la SNI, immeuble Don Bosco
Yaoundé
(00237) 99 76 61 66
harmattancam@yahoo.fr

L'Harmattan Côte d'Ivoire
Résidence Karl / cité des arts
Abidjan-Cocody 03 BP 1588 Abidjan 03
(00225) 05 77 87 31
etien_nda@yahoo.fr

L'Harmattan Mauritanie
Espace El Kettab du livre francophone
N° 472 avenue du Palais des Congrès
BP 316 Nouakchott
(00222) 63 25 980

L'Harmattan Sénégal
« Villa Rose », rue de Diourbel X G, Point E
BP 45034 Dakar FANN
(00221) 33 825 98 58 / 77 242 25 08
senharmattan@gmail.com

L'Harmattan Togo
1771, Bd du 13 janvier
BP 414 Lomé
Tél : 00 228 2201792
gerry@taama.net

503483 - octobre 2012
Achevé d'imprimer par